EL CAMINO A CRISTO

CONOZCA LOS PASOS A SEGUIR PARA ALCANZAR LA PAZ INTERIOR, LA SEGURIDAD DE LA SALVACIÓN Y UNA PLENA TRANSFORMACIÓN EN CRISTO.

ELENA G. DE WHITE

PRÓLOGO

Esta obra no necesita recomendación. Un cuidadoso examen de su contenido demostrará que la persona que la escribió conocía al gran Maestro de amor. A la copiosa espiritualidad y los sanos consejos esparcidos en sus páginas, se debe la gran aceptación que encuentra siempre por todas partes. Cuando se la ha leído una vez, se la lee de nuevo y se la estudia como una guía en el camino de la salvación.

En sus páginas se nos presenta la noble figura de Jesús, no como un personaje muerto de la historia antigua, sino como el Cristo viviente, que sigue realizando milagros, transformando la vida de todos aquellos que lo invocan con fe.

La obra original, en inglés, ha tenido numerosas ediciones, y gracias a diligentes traducciones, se encuentra ahora publicada en alemán, armenio, bohemio, búlgaro, cafre, castellano, dinamarqués, galés, finlandés, francés, holandés, húngaro, islandés, italiano, japonés, letón, lituano, polaco, portugués, rumano, ruso y sueco.

Y tan buenos resultados ha producido su lectura, según el testimonio de los propios beneficiados, que finalmente se ha decidido imprimir la presente edición, que representa el centésimo nonagésimo primer millar en castellano, para que alcance una circulación aún mayor que las anteriores.

CAPÍTULO 1

AMOR SUPREMO

LA NATURALEZA y la revelación a una dan testimonio del amor de Dios. Nuestro Padre celestial es la fuente de vida, de sabiduría y de gozo. Mirad las maravillas y bellezas de la naturaleza. Pensad en su prodigiosa adaptación a las necesidades y a la felicidad, no solamente del hombre, sino de todas las criaturas vivientes. El sol y la lluvia que alegran y refrescan la tierra; los montes, los mares y los valles, todos nos hablan del amor del Creador. Dios es el que suple las necesidades diarias de todas sus criaturas. Ya el salmista lo dijo en las bellas palabras siguientes:

"Los ojos de todos miran a ti, Y tú les das su alimento a su tiempo. Abres tu mano, Y satisfaces el deseo de todo ser viviente". (Salmo 145: 15, 16.)

Dios hizo al hombre perfectamente santo y feliz; y la hermosa tierra no tenía, al salir de la mano del Creador, mancha de decadencia, ni sombra de maldición. La transgresión de la ley de Dios, de la ley de amor, es lo que ha traído consigo dolor y muerte. Sin embargo, en medio del sufrimiento que resulta del pecado se manifiesta el amor de Dios. Está escrito que [8] Dios maldijo la tierra por causa del hombre. (Génesis 3: 17) Los cardos y espinas — las dificultades y pruebas que hacen de su vida una vida de afán y cuidado— le fueron asignados para su bien, como parte de la preparación necesaria, según el plan de Dios, para su elevación de la ruina y degradación que el pecado había causado. El mundo, aunque caído, no es todo tristeza y miseria. En la naturaleza misma hay mensajes de esperanza y consuelo. Hay flores en los cardos y las espinas están cubiertas de rosas.

"Dios es amor", está escrito en cada capullo de flor que se abre, en cada tallo de la naciente hierba. Los hermosos pájaros que llenan el aire de melodías con sus preciosos cantos, las flores exquisitamente matizadas que en su perfección perfuman el aire, los elevados árboles del bosque con su rico follaje de viviente verdor, todos dan testimonio del tierno y paternal cuidado de nuestro Dios y de su deseo de hacer felices a sus hijos.

La Palabra de Dios revela su carácter. El mismo ha declarado su infinito amor y piedad. Cuando Moisés dijo: "Ruégote me permitas ver tu gloria", Jehová respondió: "Yo haré que pase toda mi benignidad ante tu vista". (Éxodo 33: 18, 19) Tal es su gloria. Jehová pasó delante de Moisés y clamó: "Jehová, Jehová, Dios compasivo y clemente lento en iras y grande en misericordia y en Fidelidad; que usa de misericordia hasta la milésima generación; que perdona la iniquidad, la transgresión y el pecado". (Éxodo 34: 6, 7) "Lento en iras y grande en misericordia" (Jonás 4: 2) "Porque se deleita en la misericordia". (Miqueas 7: 18)

Dios ha unido nuestros corazones a él con pruebas innumerables en los cielos y en la tierra. Mediante las cosas de la naturaleza y los más profundos y tiernos lazos que el corazón humano pueda conocer en la tierra, ha procurado revelársenos. Con todo, estas cosas sólo representan imperfectamente su amor. Aunque se habían dado todas estas pruebas evidentes, el enemigo del bien cegó el entendimiento de los hombres, para que éstos mirasen a Dios con temor, para que lo considerasen severo e implacable. Satanás indujo a los hombres a concebir a Dios como un ser cuyo principal atributo es una justicia inexorable, como un juez severo, un duro, estricto acreedor. Pintó al Creador como un ser que está velando con ojo celoso por discernir los errores y faltas de los hombres, para visitarlos con juicios. Por esto vino Jesús a vivir entre los hombres, para disipar esa densa sombra, revelando al mundo el amor infinito de Dios.

El Hijo de Dios descendió del cielo para manifestar al Padre. "A Dios nadie jamás le ha visto: el Hijo unigénito, que está en el seno del Padre, él le ha dado a conocer". (S. Juan 1: 18) "Ni al Padre conoce nadie, sino el Hijo, y aquel a quien el Hijo lo quisiere revelar". (S. Mateo 11: 27) Cuando uno de sus discípulos le dijo: "Muéstranos al Padre", Jesús respondió: "Tanto tiempo hace que estoy con vosotros, ¿y todavía no me conoces, Felipe? El que me ha visto a mí, ha visto al Padre: ¿Cómo pues dices tú: Muéstranos al Padre? " (S. Juan 14: 8, 9).

Jesús dijo, describiendo su misión terrenal: Jehová "me ha ungido para anunciar buenas nuevas a los pobres; me a enviado para proclamar a los cautivos, y a los ciegos recobro la vista para poner en libertad a los oprimidos". (s. Lucas 4: 18.), esta era su obra. Pasó haciendo bien y sanando a todos los oprimidos de Satanás.

Había aldeas enteras donde no se oía un gemido de dolor en casa alguna, porque él había pasado por ellas y sanado a todos sus enfermos. Su obra demostraba su divina unción. En cada acto de su vida revelaba amor, misericordia y compasión; su corazón rebosaba de tierna simpatía por los hijos de los hombres. Tomó la naturaleza del hombre para poder simpatizar con sus necesidades. Los más pobres y humildes no tenían temor de allegársele. Aun los niñitos se sentían atraídos hacia él. Les gustaba subir a sus rodillas y contemplar ese rostro pensativo, que irradiaba benignidad y amor, Jesús no suprimió una palabra de verdad, sino que profirió siempre la verdad con amor. Hablaba con el mayor tacto, cuidado y misericordiosa atención, en su trato con las gentes. Nunca fue áspero, nunca habló una palabra severa innecesariamente, nunca dio a un alma sensible una pena innecesaria. No censuraba la debilidad humana. Hablaba la verdad, pero siempre con amor. Denunciaba la hipocresía, la incredulidad y la iniquidad; pero las lágrimas velaban su voz cuando profería sus fuertes represiones. Lloró sobre Jerusalén, la ciudad amada que rehusó recibirlo, a él, el Camino, la [11] Verdad y la Vida. Habían rechazado al Salvador, mas él los consideraba con piadosa ternura. La suya fue una vida de abnegación y verdadera solicitud por los demás. Toda alma era preciosa a sus ojos. A la vez que siempre llevaba consigo la dignidad divina, se inclinaba con la más tierna consideración hacia cada uno de los miembros de la familia de Dios. En todos los hombres veía almas caídas a quienes era su misión salvar.

Tal es el carácter de Cristo como se revela en su vida. Este es el carácter de Dios. Del corazón del Padre es de donde manan los ríos de compasión divina, manifestada en Cristo para todos los hijos de los hombres. Jesús el tierno y piadoso Salvador, era Dios "manifestado en la carne" (1 Timoteo 3: 16).

Jesús vivió, sufrió y murió para redimirnos. El se hizo "Varón de dolores" para que nosotros fuésemos hechos participantes del gozo eterno. Dios permitió que su Hijo amado, lleno de gracia y de verdad, viniese de un mundo de indescriptible gloria, a un mundo corrompido y manchado por el pecado, oscurecido con la sombra de la muerte y la maldición. Permitió que dejase el seno de su amor, la adoración de los ángeles, para sufrir vergüenza, insulto, humillación, odio y muerte. "El castigo de nuestra paz cayó sobre él, y por sus llagas nosotros sanamos" (Isaías 53: 5). ¡Miradlo en el desierto, en el Getsemaní, sobre la cruz! El Hijo inmaculado de Dios tomó sobre sí la carga del pecado. El que había sido uno con Dios, sintió en su alma la terrible separación que hace el pecado entre Dios y el hombre. Esto arrancó de sus labios el angustioso clamor: "¡Dios mío! ¡Dios mío! ¿por qué me has desamparado?" (S. Mateo 27: 46). La carga del pecado, el conocimiento de su terrible enormidad y de la separación que causa entre el alma y Dios, quebrantó el corazón del Hijo de Dios.

Pero este gran sacrificio no fue hecho a fin de crear amor en el corazón del Padre para con el hombre, ni para moverlo a salvar. ¡No, no! "Porque de tal manera amó Dios al mundo, que dio a su Hijo unigénito" (S. Juan 3: 16). No es que el Padre nos ame por causa de la gran propiciación, sino que proveyó la propiciación porque nos ama. Cristo fue el medio por el cual él pudo derramar su amor infinito sobre un mundo caído. "Dios estaba en Cristo, reconciliando consigo mismo al mundo" (2 Corintios 5: 19). Dios sufrió con su Hijo. En la agonía del Getsemaní, en la muerte del Calvario, el corazón del Amor Infinito pagó el precio de nuestra redención.

Jesús decía: "Por esto el Padre me ama, por cuanto yo pongo mi vida para volverla a tomar" (S. Juan 10: 17). Es decir: "De tal manera os amaba mi Padre, que aún me ama más porque he dado mi vida para redimiros. Por haberme hecho vuestro Sustituto y Fianza, por haber entregado mi vida y tomado vuestras responsabilidades, vuestras transgresiones, soy más caro a mi Padre; por mi sacrificio, Dios puede ser justo y, sin embargo, el justificador del que cree en Jesús".

Nadie sino el Hijo de Dios podía efectuar nuestra redención; porque sólo él, que estaba en el seno del Padre podía darlo a conocer. Sólo él, que conocía la altura y la profundidad del amor de Dios, podía manifestarlo. Nada menos que el infinito sacrificio hecho por Cristo en favor del hombre caído podía expresar el amor del Padre hacia la perdida humanidad.

"Porque de tal manera amó Dios al mundo, que dio a su Hijo unigénito". Lo dio no solamente para que viviese entre los hombres, no sólo para que llevase los pecados de ellos y muriese como su sacrificio; lo dio a la raza caída. Cristo debía identificarse con los intereses y necesidades de la humanidad. El que era uno con Dios se ha unido con los hijos de los hombres con lazos que jamás serán quebrantados. Jesús "no se avergüenza de llamarlos hermanos" (Hebreos 2: 11). Es nuestro Sacrificio, nuestro Abogado, nuestro Hermano, lleva nuestra forma humana delante del trono del Padre, y por las edades eternas será uno con la raza que ha redimido: es el Hijo del hombre. Y todo esto para que el hombre fuese levantado de la ruina y degradación del pecado, para que reflejase el amor de Dios y participase del gozo de la santidad.

El precio pagado por nuestra redención, el sacrificio infinito que hizo nuestro Padre celestial al entregar a su Hijo para que muriese por nosotros, debe darnos un concepto elevado de lo que podemos ser hechos por Cristo. Al considerar el inspirado apóstol Juan "la altura", "la profundidad" y "la anchura" del amor del Padre hacia la raza que perecía, se llena de alabanzas y reverencia, y no pudiendo [14] encontrar lenguaje conveniente en que expresar la grandeza y ternura de este amor, exhorta al mundo a contemplarlo. "¡Mirad cuál amor nos ha dado el Padre, que seamos llamados hijos de Dios!" (1 S. Juan 3:

1) ¡Qué valioso hace esto al hombre! Por la transgresión, los hijos del hombre se hacen súbditos de Satanás. Por la fe en el sacrificio reconciliador de Cristo, los hijos de Adán pueden ser hechos hijos de Dios. Al revestirse de la naturaleza humana, Cristo eleva a la humanidad. Los hombres caídos son colocados donde pueden, por la relación con Cristo, llegar a ser en verdad dignos del nombre de "hijos de Dios".

Tal amor es incomparable. ¡Hijos del Rey celestial!

¡Promesa preciosa! ¡Tema para la más profunda meditación! ¡El incomparable amor de Dios para con un mundo que no lo amaba! Este pensamiento tiene un poder subyugador y cautiva el entendimiento a la voluntad de Dios. Cuanto más estudiamos el carácter divino a la luz de la cruz, más vemos la misericordia, la ternura y el perdón unidos a la equidad y la justicia, y más claramente discernimos pruebas innumerables de un amor infinito y de una tierna piedad que sobrepuja la ardiente simpatía y los anhelosos sentimientos de la madre para con su hijo extraviado.

"Romperse puede todo lazo humano, Separarse el hermano del hermano, Olvidarse la madre de sus hijos, Variar los astros sus senderos fijos; Mas ciertamente nunca cambiará El amor providente de Jehová".

CAPÍTULO 2

LA MÁS URGENTE NECESIDAD DEL HOMBRE

EL HOMBRE estaba dotado originalmente de facultades nobles y de un entendimiento bien equilibrado. Era perfecto y estaba en armonía con Dios. Sus pensamientos eran puros, sus designios santos. Pero por la desobediencia, sus facultades se pervirtieron y el egoísmo sustituyó al amor. Su naturaleza se hizo tan débil por la transgresión, que le fue imposible, por su propia fuerza, resistir el poder del mal. Fue hecho cautivo por Satanás, y hubiera permanecido así para siempre si Dios no hubiese intervenido de una manera especial. El propósito del tentador era contrariar el plan que Dios había tenido al crear al hombre y llenar la tierra de miseria y desolación. Quería señalar todo este mal como el resultado de la obra de Dios al crear al hombre.

El hombre, en su estado de inocencia, gozaba de completa comunión con Aquel "en quien están escondidos todos los tesoros de la sabiduría y de la ciencia" (Colosenses 2: 3.) Mas después de su caída, no pudo encontrar gozo en la santidad y procuró ocultarse de la presencia de Dios. Y tal es aún la condición del corazón no renovado. No está en armonía con Dios, ni encuentra gozo en la comunión con él. El pecador no podría ser feliz en la presencia de Dios; le desagradaría la compañía de los seres santos. Y si se le pudiese permitir entrar en el cielo, no hallaría alegría en aquel lugar. El espíritu de amor puro que reina allí donde responde cada corazón al corazón del Amor Infinito, no haría vibrar en su alma cuerda alguna de simpatía. Sus pensamientos, sus intereses, sus móviles, serían distintos de los que mueven a los moradores celestiales. Sería una nota discordante en la melodía del cielo. El cielo sería para él un lugar de tortura. Ansiaría ocultarse de la presencia de Aquel que es su luz y el centro de su gozo. No es un decreto arbitrario de parte de Dios el que excluye del cielo a los malvados: ellos mismos se han cerrado las puertas por su propia ineptitud para aquella compañía. La gloria de Dios sería para ellos un fuego consumidor. Desearían ser destruidos para esconderse del rostro de Aquel que murió por salvarlos.

Es imposible que escapemos por nosotros mismos del abismo del pecado en que estamos sumidos. Nuestro corazón es malo y no lo podemos cambiar. "¿Quién podrá sacar cosa limpia de inmunda? Ninguno" (Job 14: 4)"Por cuanto el ánimo carnal es enemistad contra Dios; pues no está sujeto a la ley de Dios, ni a la verdad lo puede estar" (Romanos 8: 7). La educación, la cultura, el ejercicio de la voluntad, el esfuerzo humano todos tienen su propia esfera, pero para esto no tienen ningún poder. Pueden producir una corrección externa de la conducta, pero no pueden cambiar el corazón; no pueden purificar las fuentes de la vida. Debe haber un poder que obre en el interior, una vida nueva de lo alto, antes de que el hombre pueda convertirse del pecado a la santidad. Ese poder es Cristo. Solamente su gracia puede vivificar las facultades muertas del alma y atraerlas a Dios, a la santidad. El Salvador dijo: "A menos que el hombre naciere de nuevo", a menos que reciba un corazón nuevo, nuevos deseos, designios y móviles que lo guíen a una nueva vida, "no puede ver el reino de Dios" (S. Juan 3: 3). La idea de que solamente es necesario desarrollar lo bueno que existe en el hombre por naturaleza, es un engaño fatal. "El hombre natural no recibe las cosas del Espíritu de Dios; porque le son insensatez; ni las puede conocer, por cuanto se disciernen espiritualmente" (1 Corintios 2: 14). "No te maravilles de que te dije: os es necesario nacer de nuevo" (S. Juan 3: 7.) De Cristo está escrito: "En él estaba la vida; y la vida era la luz de los hombres" (S. Juan 1: 4), el único "nombre debajo del cielo dado a los hombres, en el cual podamos ser salvos" (Hechos 4: 12).

No basta comprender la bondad amorosa de Dios, ni percibir la benevolencia y ternura paternal de su carácter. No basta discernir la sabiduría y justicia de su ley, ver que está fundada sobre el eterno principio del amor. El apóstol Pablo veía todo esto cuando exclamó: "Consiento en que la ley es buena", "la ley es santa, y el mandamiento, santo y justo y bueno". Mas él añadió en la amargura de su alma agonizante y desesperada: "Soy carnal, vendido bajo el poder del pecado" (Romanos 7: 12, 14). Ansiaba la pureza, la justicia que no podía alcanzar por sí mismo, y dijo: "¡Oh hombre infeliz que soy! ¿quién me libertará de este cuerpo de muerte?" (Romanos 7: 24). La misma exclamación ha subido en todas partes y en todo tiempo, de corazones sobrecargados. No hay más que una contestación para todos: "'¡He aquí el Cordero de Dios, que quita el pecado del mundo!" (S. Juan 1: 29).

Muchas son las figuras por las cuales el Espíritu de Dios ha procurado ilustrar esta verdad y hacerla clara a las almas que desean verse libres de la carga del pecado. Cuando Jacob pecó, engañando a Esaú, y huyó de la casa de su padre, estaba abrumado por el conocimiento de su culpa. Solo y abandonado como estaba, separado de todo lo que le hacía preciosa la vida, el único pensamiento que sobre todos los otros oprimía su alma, era el temor de que su pecado lo hubiese apartado de Dios, que fuese abandonado del cielo. En medio de su tristeza, se recostó para descansar sobre la tierra desnuda. Rodeábanlo solamente las solitarias montañas, y cubríalo la bóveda celeste con su manto de estrellas. Habiéndose dormido, una luz extraordinaria se le apareció en su sueño; y he aquí, de la llanura donde estaba recostado, una inmensa escalera simbólica parecía conducir a lo alto, hasta las mismas puertas del cielo, y los ángeles de Dios subían y descendían por ella; al paso que de la gloria de las alturas se oyó la voz divina que pronunciaba un mensaje de consuelo y esperanza. Así hizo Dios conocer a Jacob aquello que satisfacía la necesidad y el ansia de su alma: un Salvador. Con gozo y gratitud vio revelado un camino por el cual él, como pecador, podía ser restaurado a la comunión con Dios. La mística escalera de su sueño representaba a Jesús, el único medio de comunicación entre Dios y el hombre.

Esta es la misma figura a la cual Cristo se refirió en su conversación con Natanael, cuando dijo: "Veréis abierto el cielo, y a los ángeles de Dios subiendo y bajando sobre el Hijo del hombre" (S. Juan 1: 51). Al caer, el hombre se apartó de Dios: la tierra fue cortada del cielo. A través del abismo existente entre ambos no podía haber ninguna comunión. Mas mediante Cristo, el mundo está unido otra vez con el cielo. Con sus propios méritos, Cristo ha salvado el abismo que el pecado había hecho, de tal manera que los hombres pueden tener comunión con los ángeles ministradores. Cristo une al hombre caído, débil y miserable, con la Fuente del poder Infinito.

Más vanos son los sueños de progreso de los hombres, vanos todos sus esfuerzos por elevar a la humanidad, si menosprecian la única fuente de esperanza y amparo para la raza caída. "Toda dádiva buena y todo don perfecto" (Santiago 1: 17) es de Dios. No hay verdadera excelencia de carácter fuera de él. Y el único camino para ir a Dios es Cristo, quien dice: "Yo soy el Camino, y la Verdad, y la Vida; nadie viene al Padre sino por mí". (S. Juan 14: 6)

El corazón de Dios suspira por sus hijos terrenales con un amor más fuerte que la muerte. Al dar a su Hijo nos ha vertido todo el cielo en un don. La vida, la muerte y la intercesión del Salvador, el ministerio de los ángeles, la imploración del Espíritu Santo, el Padre que obra sobre todo y por todo, el interés incesante de los seres celestiales: todos están empeñados en la redención del hombre.

¡Oh, contemplemos el sacrificio asombroso que ha sido hecho por nosotros! Procuremos apreciar el trabajo y la energía que el cielo está empleando para rescatar al perdido y traerlo de nuevo a la casa de su Padre. Jamás podrían haberse puesto en acción motivos más fuertes y energías más poderosas: los grandiosos galardones por el bien hacer, el goce del cielo, la compañía de los ángeles, la comunión y el amor de Dios y de su Hijo, la elevación y el acrecentamiento de todas nuestras facultades por las edades eternas, ¿no son éstos incentivos y estímulos poderosos que nos instan a dedicar a nuestro Creador y Salvador el amante servicio de nuestro corazón?

Y por otra parte, los juicios de Dios pronunciados contra el pecado, la retribución inevitable, la degradación de nuestro carácter y la destrucción final, se presentan en la Palabra de Dios para amonestarnos contra el servicio de Satanás.

¿No apreciaremos la misericordia de Dios? ¿Qué más podía hacer? Pongámonos en perfecta relación con Aquel que nos ha amado con estupendo amor. Aprovechemos los medios que nos han sido provistos para que seamos transformados conforme a su semejanza y restituidos a la comunión de los ángeles ministradores, a la armonía y comunión del Padre y el Hijo.

CAPÍTULO 3

UN PODER MISTERIOSO QUE CONVENCE

¿COMO se justificará el hombre con Dios? ¿Cómo se hará justo el pecador? Solamente por intermedio de Cristo podemos ponernos en armonía con Dios y la santidad; pero, ¿cómo debemos ir a Cristo? Muchos formulan la misma pregunta que hicieron las multitudes el día de Pentecostés, cuando, convencidas de su pecado, exclamaron: "¿Qué haremos?" La primera palabra de contestación de Pedro fue: "Arrepentíos". Poco después, en otra ocasión, dijo: "Arrepentíos pues, y volveos a Dios; para que sean borrados vuestros pecados" (Hechos 2: 38; 3: 19).

El arrepentimiento comprende tristeza por el pecado y abandono del mismo. No renunciaremos al pecado a menos que veamos su pecaminosidad; mientras no lo repudiemos de corazón, no habrá cambio real en la vida.

Hay muchos que no entienden la naturaleza verdadera del arrepentimiento. Gran número de personas se entristecen por haber pecado y aun se reforman exteriormente, porque temen que su mala vida les acarree sufrimientos. Pero esto no es arrepentimiento en el sentido bíblico. Lamentan la pena más bien que el pecado. Tal fue el dolor de Esaú cuando vio que había perdido su primogenitura para siempre. Balaam, aterrorizado por el ángel que estaba en su camino con la espada desnuda, reconoció su culpa [22] por temor de perder la vida; mas no experimentó un arrepentimiento sincero del pecado, ni un cambio de propósito, ni aborrecimiento del mal.Judas Iscariote, después de traicionar a su Señor, exclamó: "¡He pecado, entregando la sangre inocente!" (S. Mateo 27: 4).

Esta confesión fue arrancada a la fuerza de su alma culpable por un tremendo sentido de condenación y una pavorosa expectación de juicio. Las consecuencias que habían de resultarle lo llenaban de terror, pero no experimentó profundo quebrantamiento de corazón, ni dolor de alma por haber traicionado al Hijo inmaculado de Dios y negado al santo de Israel. Cuando Faraón sufría los juicios de Dios, reconoció su pecado a fin de escapar del castigo, pero volvió a desafiar al cielo tan pronto como cesaron las plagas. Todos éstos lamentaban los resultados del pecado, pero no sentían tristeza por el pecado mismo.

Mas cuando el corazón cede a la influencia del Espíritu de Dios, la conciencia se vivifica y el pecador discierne algo de la profundidad y santidad de la sagrada ley de Dios, fundamento de su gobierno en los cielos y en la tierra. "La Luz verdadera, que alumbra a todo hombre que viene a este mundo" (S. Juan 1: 9), ilumina las cámaras secretas del alma y se manifiestan las cosas ocultas. La convicción se posesiona de la mente y del corazón. El pecador tiene entonces conciencia de la justicia de Jehová y siente terror de aparecer en su iniquidad e impureza delante del que escudriña los corazones. Ve el amor de Dios, la belleza de la santidad y el gozo de la [23] pureza. Ansía ser purificado y restituido a la comunión del cielo.

La oración de David después de su caída es una ilustración de la naturaleza del verdadero dolor por el pecado. Su arrepentimiento era sincero y profundo. No hizo ningún esfuerzo por atenuar su crimen; ningún deseo de escapar del juicio que lo amenazaba inspiró su oración. David veía la enormidad de su transgresión; veía las manchas de su alma; aborrecía su pecado. No imploraba solamente el perdón, sino también la pureza del corazón. Deseaba tener el gozo de la santidad y ser restituido a la armonía y comunión con Dios. Este era el lenguaje de su alma:

"¡Bienaventurado aquel cuya transgresión ha sido perdonada, y cubierto su pecado!

¡Bienaventurado el hombre a quien Jehová no atribuye la iniquidad, cuyo espíritu no hay engaño! (Salmo 32: 1, 2)

¡Apiádate de mí, oh Dios, conforme a tu misericordia; conforme a la muchedumbre de tus piedades, borra mis transgresiones!...

Porque yo reconozco mis transgresiones, y mi pecado está siempre delante de mí....

¡Purifícame con hisopo, y seré limpio; lávame, y quedaré más blanco que la nieve! .

¡Crea en mí, oh Dios, un corazón limpio, y renueva un espíritu recto dentro de mí!

¡No me eches de tu presencia, y no me quites tu Santo Espíritu!

¡Restitúyeme el gozo de tu salvación, y el Espíritu de gracia me sustente!...

¡Líbrame del delito de sangre, oh Dios, el Dios de mi salvación! ¡cante mi lengua tu justicia!" (Salmo 51: 1, 14)

Efectuar un arrepentimiento como éste, está más allá del alcance de nuestro propio poder; se obtiene solamente de Cristo, quien ascendió a lo alto y ha dado dones a los hombres.

Precisamente éste es un punto sobre el cual muchos yerran, y por esto dejan de recibir la ayuda que Cristo quiere darles. Piensan que no pueden ir a Cristo a menos que se arrepientan primero, y que el arrepentimiento los prepara para el perdón de sus pecados. Es verdad que el arrepentimiento precede al perdón de los pecados, porque solamente el corazón quebrantado y contrito es el que siente la necesidad de un Salvador. Pero, ¿debe el pecador esperar hasta que se haya arrepentido, para poder ir a Jesús? ¿Ha de ser el arrepentimiento un obstáculo entre el pecador y el Salvador?

La Biblia no enseña que el pecador deba arrepentirse antes de poder aceptar la invitación de Cristo: "¡Venid a mí todos los que estáis cansados y agobiados, y yo os daré descanso!" (S. Mateo 11: 28). La virtud que viene de Cristo es la que guía a un arrepentimiento genuino. San Pedro habla del asunto de una manera muy clara en su exposición a los israelitas, cuando dice: "A éste, Dios le ensalzó con su diestra para ser Príncipe y Salvador, a fin de dar arrepentimiento a Israel, y remisión de pecados". (Hechos 5: 31) No podemos arrepentirnos sin que el Espíritu de Cristo despierte la conciencia, más de lo que podemos ser perdonados sin Cristo.

Cristo es la fuente de todo buen impulso. El es el único que puede implantar en el corazón enemistad contra el pecado. Todo deseo de verdad y de pureza, toda convicción de nuestra propia pecaminosidad, es una prueba de que su Espíritu está obrando en nuestro corazón.

Jesús dijo: "Yo, si fuere levantado en alto de sobre la tierra, a todos los atraeré a mí mismo" (S. Juan 12: 32). Cristo debe ser revelado al pecador como el Salvador que muere por los pecados del mundo; y cuando consideramos al Cordero de Dios sobre la cruz del Calvario, el misterio de la redención comienza a abrirse a nuestra mente y la bondad de Dios nos guía al arrepentimiento. Al morir Cristo por los pecadores, manifestó un amor incomprensible; y este amor, a medida que el pecador lo contempla, enternece el corazón, impresiona la mente e inspira contricción en el alma.

Es verdad que algunas veces los hombres se avergüenzan de sus caminos pecaminosos y abandonan algunos de sus malos hábitos antes de darse cuenta de que son atraídos a Cristo. Pero cuando hacen un esfuerzo por reformarse, con un sincero deseo de hacer el bien, es el poder de Cristo el que los está atrayendo. Una influencia de la cual no se dan cuenta, obra sobre el alma, la conciencia se vivifica y la vida externa se enmienda. Y a medida que Cristo los induce a mirar su cruz y contemplar a quien han traspasado sus pecados, el mandamiento despierta la conciencia. La maldad de su vida, el pecado profundamente arraigado en su alma se les revela. Comienzan a entender algo de la justicia de Cristo y exclaman "¿Qué es el pecado, para que exigiera tal sacrificio por la redención de su víctima? ¿Fueron necesarios todo este amor, todo este sufrimiento, toda esta humillación, para que no pereciéramos, sino que tuviéramos vida eterna?".

La misma inteligencia divina que obra en la naturaleza, habla al corazón de los hombres y crea un deseo indecible de algo que no tienen. Las cosas del mundo no pueden satisfacer su ansiedad. El Espíritu de Dios está suplicándoles que busquen las cosas que sólo pueden dar paz y descanso: la gracia de Cristo y el gozo de la santidad. Por medio de influencias visibles e invisibles, nuestro Salvador está constantemente obrando para atraer el corazón de los hombres de los vanos placeres del pecado a las bendiciones infinitas que pueden disfrutar en él. A todas estas almas que están procurando vanamente beber en las cisternas rotas de este mundo, se dirige el mensaje divino: "El que tiene sed, ¡venga! ¡y el que quiera, tome del agua de la vida, de balde!" (Apocalipsis 22: 17)

Los que en vuestro corazón anheláis algo mejor que lo que este mundo puede dar, reconoced este deseo como la voz de Dios que habla a vuestras almas. Pedidle que os dé arrepentimiento, que os revele a Cristo en su amor infinito y en su pureza perfecta. En la vida del Salvador quedaron perfectamente ejemplificados los principios de la ley de Dios y el amor a Dios y al hombre. La benevolencia y el amor desinteresado fueron la vida de su alma. Contemplándolo, nos inunda la luz de nuestro Salvador y podemos ver la pecaminosidad de nuestro corazón.

Podemos lisonjearnos como Nicodemo de que nuestra vida ha sido muy buena, de que nuestro carácter es perfecto y pensar que no necesitamos humillar nuestro corazón delante de Dios como el pecador común, pero cuando la luz de Cristo resplandece en nuestras almas, vemos cuán impuros somos; discernimos el egoísmo de nuestros motivos y la enemistad contra Dios, que ha manchado todos los actos de nuestra vida. Entonces conocemos que nuestra propia justicia es en verdad como andrajos inmundos y que solamente la sangre de Cristo puede limpiarnos de las manchas del pecado y renovar un rayo de luz de la gloria de Dios, un destello de la pureza de Cristo que penetre en el alma, hace dolorosamente visible toda mancha de pecado y descubre la deformidad y los defectos del carácter humano. Hace patentes los deseos impuros, la infidelidad del corazón y la impureza de los labios. Los actos de deslealtad del pecador que anulan la ley de Dios, quedan expuestos a su vista y su espíritu se aflige y se oprime bajo la influencia escudriñadora del Espíritu de Dios. Se aborrece a si mismo viendo el carácter puro y sin mancha de Cristo.

Cuando el profeta Daniel vio la gloria que rodeaba al mensajero celestial que le había sido enviado, se sintió abrumado por su propia debilidad e imperfección. Describiendo el efecto de la maravillosa escena, dice: "No quedó en mi esfuerzo, y mi lozanía se me demudó en palidez de muerte, y no retuve fuerza alguna" (Daniel 10: 8). Cuando el alma se conmueve de esta manera, odia el egoísmo, aborrece el amor propio y busca, mediante la justicia de Cristo, la pureza de corazón que está en armonía con la ley de Dios y con el carácter de Cristo.

San Pablo dice que "en cuanto a justicia que haya en la ley", es decir, en cuanto se refiere a las obras externas, era "irreprensible" (Filipenses 3: 6), pero cuando comprendió el carácter espiritual de la ley, se vio a sí mismo pecador. Juzgado por la letra de la ley como los hombres la aplican a la vida externa, se había abstenido de pecado; pero cuando miró en la profundidad de sus santos preceptos y se vio como Dios lo veía, se humilló profundamente y confesó su maldad. Dice: "Y yo aparte de la ley vivía en un tiempo: mas cuando vino el mandamiento, revivió el pecado, y yo morí' (Romanos 7: 9). Cuando vio la naturaleza espiritual de la ley, mostrósele el pecado en su verdadera deformidad y su estimación propia se desvaneció.

No todos los pecados son delante de Dios de igual magnitud; hay diferencia de pecados a su juicio, como la hay a juicio de los hombres; sin embargo, aunque éste o aquel acto malo pueda parecer frívolo a los ojos de los hombres, ningún pecado es pequeño a la vista de Dios. El juicio de los hombres es parcial e imperfecto; mas Dios ve todas las cosas como son realmente. El borracho es detestado y se dice que su pecado lo excluirá del cielo, mientras que el orgullo, el egoísmo y la codicia muchísimas veces pasan sin condenarse.

El pobre publicano que oraba diciendo: "¡Dios, ten misericordia de mí, pecador!" (S. Lucas 18: 13) se consideraba a sí mismo como un hombre muy malvado y así lo consideraban los demás, pero él sentía su necesidad, y con su carga de pecado y vergüenza vino delante de Dios implorando su misericordia., Su corazón estaba abierto para que el Espíritu de Dios hiciese en él su obra de gracia y lo libertase del poder del pecado. La oración jactanciosa y presuntuosa del fariseo mostró que su corazón estaba cerrado a la influencia del Espíritu Santo. Por estar lejos de Dios, no tenía idea de supropia corrupción, que contrastaba con la perfección de la santidad divina. No sentía necesidad alguna y no recibió nada.

Si percibís vuestra condición pecaminosa, no esperéis a haceros mejores vosotros mismos ¡Cuántos hay que piensan que no son bastante buenos para ir a Cristo!

¿Esperáis haceros mejores por vuestros propios esfuerzos? "¿Puede acaso el etíope mudar su piel, o el leopardo sus manchas? entonces podréis vosotros también obrar bien, que estáis habituados a obrar [30] mal". (Jeremías 13: 23) Hay ayuda para nosotros solamente en Dios. No debemos permanecer en espera de persuasiones más fuertes, de mejores oportunidades o de caracteres más santos. Nada podemos hacer por nosotros mismos. Debemos ir a Cristo tales como somos.

Pero nadie se engañe a sí mismo con el pensamiento de que Dios, en su grande amor y misericordia, salvará aun a aquellos que rechazan su gracia. La excesiva corrupción del pecado puede conocerse solamente a la luz de la cruz. Cuando los hombres insisten en que Dios es demasiado bueno para desechar a los pecadores, miren al Calvario. Fue porque no había otra manera en que el hombre pudiese ser salvo, porque sin este sacrificio era imposible que la raza humana escapara del poder contaminador del pecado y se pusiera en comunión con los seres santos, imposible que los hombres llegaran a ser partícipes de la vida espiritual; fue por esta causa por lo que Cristo tomó sobre sí la culpabilidad del desobediente y sufrió en lugar del pecador. El amor, los sufrimientos y la muerte del Hijo de Dios, todo da testimonio de la terrible enormidad del pecado y prueba que no hay modo de escapar de su poder, ni esperanza de una vida más elevada, sino mediante la sumisión del alma a Cristo.

Algunas veces los impenitentes se excusan diciendo de los que profesan ser cristianos: "Soy tan bueno como ellos. No son más abnegados, sobrios, ni circunspectos en su conducta que yo. Les gustan los placeres y la complacencia propia tanto como a mí". Así hacen de las faltas de [31] otros una excusa por su propio descuido del deber. Pero los pecados y faltas de otros no justifican los nuestros. Porque el Señor no nos ha dado un imperfecto modelo humano. Se nos ha dado como modelo al inmaculado Hijo de Dios, y los que se quejan de la mala vida de los que profesan ser creyentes, son los que deberían presentar una vida y un ejemplo más nobles. Si tienen un concepto tan alto de lo que un cristiano debe ser, ¿no es su pecado tanto mayor? Saben lo que es bueno y, sin embargo rehúsan hacerlo.

Cuidaos de las dilaciones. No posterguéis la obra de abandonar vuestros pecados y buscar la pureza del corazón por medio de Jesús. Aquí es donde miles y miles han errado, para su perdición eterna. No insistiré sobre la brevedad e incertidumbre de la vida; pero hay un terrible peligro, un peligro que no se entiende suficientemente, en retardarse en ceder a la invitación del Espíritu Santo de Dios, en preferir vivir en el pecado, porque tal demora consiste realmente en eso. El pecado, por pequeño que se suponga, no puede consentirse sino a riesgo de una pérdida infinita. Lo que no venzamos nos vencerá y determinará nuestra destrucción.

Adán y Eva se persuadieron de que por una cosa de tan poca importancia, como comer la fruta prohibida, no podrían resultar tan terribles consecuencias como Dios les había declarado. Pero esta cosa tan pequeña era la transgresión de la santa e inmutable ley de Dios; separaba de Dios al hombre y abría las compuertas de la muerte y de miserias sin número [32] sobre nuestro mundo. Siglo tras siglo ha subido de nuestra tierra un continuo lamento de aflicción, y la creación a una gime bajo la fatiga terrible del dolor, como consecuencia de la desobediencia del hombre. El cielo mismo ha sentido los efectos de la rebelión del hombre contra Dios. El Calvario está delante de nosotros como un recuerdo del sacrificio asombroso que se requirió para expiar la transgresión de la ley divina. No consideremos el pecado como cosa trivial.

Toda transgresión, todo descuido o rechazo de la gracia de Cristo, obra indirectamente sobre vosotros; endurece el corazón, deprava la voluntad, entorpece el entendimiento y, no solamente os hace menos inclinados a ceder, sino también menos capaces de ceder a la tierna invitación del Espíritu de Dios.

Muchos están apaciguando su conciencia inquieta con el pensamiento de que pueden cambiar su mala conducta cuando quieran; de que pueden tratar con ligereza las invitaciones de la misericordia y, sin embargo, seguir siendo llamados. Piensan que después de menospreciar al Espíritu de gracia, después de echar su influencia del lado de Satanás, en un momento de terrible necesidad pueden cambiar de conducta. Pero esto no se hace tan fácilmente. La experiencia y la educación de una vida entera han amoldado de tal manera el carácter, que pocos desean después recibir la imagen de Jesús.

Un solo rasgo malo de carácter, un solo deseo pecaminoso, acariciado persistentemente, neutralizan a veces todo el poder del Evangelio. Toda indulgencia pecaminosa fortalece la aversión del alma hacia Dios. El hombre que manifiesta un descreído atrevimiento o una impasible indiferencia hacia la verdad, no está sino segando la cosecha de su propia siembra. En toda la Biblia no hay amonestación más terrible contra el hábito de jugar con el mal que las palabras del hombre sabio, cuando dice: "Prenderán al impío sus propias iniquidades' (Proverbios 5: 22).

Cristo está pronto para libertarnos del pecado, pero no fuerza la voluntad; y si por la persistencia en el pecado la voluntad misma se inclina enteramente al mal y no deseamos ser libres, si no queremos aceptar su gracia, ¿qué más puede hacer? Hemos obrado nuestra propia destrucción por nuestro deliberado rechazo de su amor. "¡He aquí ahora es el tiempo acepto! ¡he aquí ahora es el día de salvación!" (2 Corintios 6: 2). "¡Hoy, si oyereis su voz, no endurezcáis vuestros corazones!" (Hebreos 3: 7, 8).

"El hombre ve lo que aparece, mas el Señor ve el corazón" (1 Samuel 16: 7), el corazón humano con sus encontradas emociones de gozo y de tristeza, el extraviado y caprichoso corazón, morada de tanta impureza y engaño. El sabe sus motivos, sus mismos intentos y miras. Id a él con vuestra alma manchada como está. Como el salmista, abrid sus cámaras al ojo que todo lo ve, exclamando "¡Escudríñame, oh Dios, y conoce mi corazón: ensáyame, y conoce mis pensamientos; y ve si hay en mí algún camino malo, y guíame en el camino eterno!" (Salmo 139: 23, 24).

Muchos aceptan una religión intelectual, una forma de santidad, sin que el corazón esté limpio. Sea vuestra oración: "¡Crea en mí, oh Dios, un corazón limpio, y renueva un espíritu recto dentro de mí!" (Salmo 51: 10). Sed leales con vuestra propia alma. Sed tan diligentes, tan persistentes, como lo seríais si vuestra vida mortal estuviera en peligro. Este es un asunto que debe arreglarse entre Dios y vuestra alma; arreglarse para la eternidad. Una esperanza supuesta, y nada más, llegará a ser vuestra ruina.

Estudiad la Palabra de Dios con oración. Esa Palabra os presenta, en la ley de Dios y en la vida de Cristo, los grandes principios de la santidad, sin la cual "nadie verá al Señor'. (Hebreos 12: 14) Convence de pecado; revela plenamente el camino de la salvación. Prestadle atención como a la voz de Dios que os habla.

Cuando veáis la enormidad del pecado, cuando os veáis como sois en realidad, no os entreguéis a la desesperación. Pues a los pecadores es a quienes Cristo vino a salvar. No tenemos que reconciliar a Dios con nosotros, sino ¡oh maravilloso amor! "Dios estaba en Cristo, reconciliando consigo mismo al mundo" (2 Corintios 5: 19). El está solicitando por su tierno amor los corazones de sus hijos errados. Ningún padre según la carne podría ser tan paciente con las faltas y yerros de sus hijos, como lo es Dios con aquellos a quienes trata de salvar. Nadie podría argüir más tiernamente con el pecador. Jamás labios humanos han dirigido invitaciones más tiernas que él al extraviado. Todas sus promesas, [35] sus amonestaciones, no son sino la expresión de su indecible amor.

Cuando Satanás viene a decirte que eres un gran pecador, mira a tu Redentor y habla de sus méritos. Lo que te ayudará será el mirar su luz. Reconoce tu pecado, pero di al enemigo que "Cristo Jesús vino al mundo para salvar a los pecadores" (1 Timoteo 1: 15) y que puedes ser salvo por su incomparable amor. Jesús hizo una pregunta a Simón con respecto a dos deudores. El primero debía a su señor una suma pequeña y el segundo una muy grande; pero él perdonó a ambos, y Cristo preguntó a Simón cuál deudor amaría más a su señor.

Simón contestó: "Aquel a quien más perdonó" (S. Lucas 7: 43). Hemos sido grandes deudores, pero Cristo murió para que fuésemos perdonados. Los méritos de su sacrificio son suficientes para presentarlos al Padre en nuestro favor. Aquellos a quienes ha perdonado más, lo amarán más, y estarán más cerca de su trono alabándolo por su grande amor e infinito sacrificio. Cuanto más plenamente comprendemos el amor de Dios, más nos percatamos de la pecaminosidad del pecado. Cuando vemos cuán larga es la cadena que se nos ha arrojado para rescatarnos, cuando entendemos algo del sacrificio infinito que Cristo ha hecho en nuestro favor, el corazón se derrite de ternura y contrición.

CAPÍTULO 4

PARA OBTENER LA PAZ INTERIOR

"EL QUE encubre sus transgresiones, no prosperará; mas quien las confiese y las abandone, alcanzará misericordia" (Proverbios 28: 13).

Las condiciones para obtener la misericordia de Dios son sencillas, justas y razonables. El Señor no nos exige que hagamos alguna cosa penosa para obtener el perdón de los pecados. No necesitamos hacer largas y cansadoras peregrinaciones, ni ejecutar duras penitencias, para encomendar nuestras almas al Dios de los cielos o para expiar nuestra transgresión; mas el que confiesa su pecado y se aparta de él, alcanzará misericordia.

El apóstol dice: "Confesad pues vuestros pecados los unos a los otros, y orad los unos por los otros, para que seáis sanados" (Santiago 5: 16). Confesad vuestros pecados a Dios, quien sólo puede perdonarlos, y vuestras faltas unos a otros. Si has dado motivo de ofensa a tu amigo o vecino, debes reconocer tu falta, y es su deber perdonarte libremente. Debes entonces buscar el perdón de Dios, porque el hermano a quien s ofendido pertenece a Dios y al perjudicarlo has pecado contra su Creador y Redentor. Debemos presentar el caso delante del único y verdadero Mediador, nuestro gran Sumo Sacerdote, que "ha sido tentado en todo punto, así como nosotros, mas sin pecado" que es capaz de [37] compadecerse de nuestras flaquezas" (Hebreos 4: 15) y es poderoso para limpiarnos de toda mancha de pecado.

Los que no se han humillado de corazón delante de Dios reconociendo su culpa, no han cumplido todavía la primera condición de la aceptación. Si no hemos experimentado ese arrepentimiento, del cual nadie se arrepiente, y no hemos confesado nuestros pecados con verdadera humillación de alma y quebrantamiento de espíritu, aborreciendo nuestra iniquidad, no hemos buscado verdaderamente el perdón de nuestros pecados; y si nunca lo hemos buscado, nunca hemos encontrado la paz de Dios. La única razón porque no obtenemos la remisión de nuestros pecados pasados es que no estamos dispuestos a humillar nuestro corazón y a cumplir con las condiciones de la Palabra de verdad. Se nos dan instrucciones explícitas tocante a este asunto. La confesión de nuestros pecados, ya sea pública o privada, debe ser de corazón y voluntaria. No debe ser arrancada al pecador. No debe hacerse de un modo ligero y descuidado o exigirse de aquellos que no tienen real comprensión del carácter aborrecible del pecado. La confesión que brota de lo íntimo del alma sube al Dios de piedad infinita. El salmista dice: "Cercano está Jehová a los quebrantados de corazón, y salva a los de espíritu contrito" (Salmo 34: 18).

La verdadera confesión es siempre de un carácter específico y declara pecados particulares. Pueden ser de tal naturaleza que solamente pueden presentarse delante de Dios. Pueden ser males que deben confesarse individualmente a [38] los que hayan sufrido daño por ellos; pueden ser de un carácter público y, en ese caso, deberán confesarse públicamente. Toda confesión debe hacerse definida y al punto, reconociendo los mismos pecados de que seáis culpables.

En los días de Samuel los israelitas se extraviaron de Dios. Estaban sufriendo las consecuencias del pecado; porque habían perdido su fe en Dios, el discernimiento de su poder y su sabiduría para gobernar a la nación y su confianza en la capacidad del Señor para defender y vindicar su causa. Se apartaron del gran Gobernante del universo y quisieron ser gobernados como las naciones que los rodeaban. Antes de encontrar paz hicieron esta confesión explícita: "Porque a todos nuestros pecados hemos añadido esta maldad de pedir para nosotros un rey" (1 Samuel 12: 19). Tenían que confesar el mismo pecado del cual estaban convencidos. Su ingratitud oprimía sus almas y los separaba de Dios.

Dios no acepta la confesión sin sincero arrepentimiento y reforma. Debe haber un cambio decidido en la vida; toda cosa que sea ofensiva a Dios debe dejarse. Esto será el resultado de una verdadera tristeza por el pecado. Se nos presenta claramente la obra que tenemos que hacer de nuestra parte: "¡Lavaos, limpiaos; apartad la maldad de vuestras obras de delante de mis ojos; cesad de hacer lo malo; aprended a hacer lo bueno; buscad lo justo; socorred al oprimido; mantened el derecho del huérfano defended la causa de la viuda!" (Isaías 1: 16, 17) "Si el inicuo devolviere la prenda, restituyere lo robado, [39] y anduviere en los estatutos de la vida, sin cometer iniquidad, ciertamente vivirá; no morirá" (Ezequiel 33: 15). San Pablo dice, hablando de la obra de arrepentimiento: "Pues, he aquí, esto mismo, el que fuisteis entristecidos según Dios, ¡qué solícito cuidado obró en vosotros! y qué defensa de vosotros mismos! y ¡qué indignación! y ¡qué temor! y ¡qué ardiente deseo! y ¡qué celo! y ¡qué justicia vengativa! En todo os habéis mostrado puros en este asunto" (2 Corintios 7: 11).

Cuando el pecado ha amortiguado la percepción moral, el injusto no discierne los defectos de su carácter, ni comprende la enormidad del mal que ha cometido y, a menos que ceda al poder convincente del Espíritu Santo, permanecerá parcialmente ciego sin percibir su pecado. Sus confesiones no son sinceras ni de corazón. Cada vez que reconoce su maldad trata de excusar su conducta declarando que si no hubiese sido por ciertas circunstancias, no habría hecho esto o aquello, de lo que se lo reprueba.

Después de que Adán y Eva hubieron comido de la fruta prohibida, los embargó un sentimiento de vergüenza y terror. Al principio solamente pensaban en cómo podrían excusar su pecado y escapar de la terrible sentencia de muerte. Cuando el Señor les habló tocante a su pecado, Adán respondió, echando la culpa en parte a Dios y en parte a su compañera: "La mujer que pusiste aquí conmigo me dio del árbol, y comí". La mujer echó la culpa a la serpiente, diciendo: "La serpiente me engañó, y comí" (Génesis 3: 12, 13) ¿Por qué hiciste la serpiente? ¿Por qué le permitiste que entrase en el Edén? Esas eran las preguntas implicadas en la excusa de su pecado, haciendo así a Dios responsable de su caída. El espíritu de justificación propia tuvo su origen en el padre de la mentira y ha sido exhibido por todos los hijos e hijas de Adán. Las confesiones de esta clase no son inspiradas por el Espíritu divino y no serán aceptables para Dios. El arrepentimiento verdadero induce al hombre a reconocer su propia maldad, sin engaño ni hipocresía. Como el pobre publicano que no osaba ni aun alzar sus ojos al cielo, exclamará: "Dios, ten misericordia de mí, pecador", y los que reconozcan así su iniquidad serán justificados, porque Jesús presentará su sangre en favor del alma arrepentida.

Los ejemplos de arrepentimiento y humillación genuinos que da la Palabra de Dios revelan un espíritu de confesión sin excusa por el pecado, ni intento de justificación propia.

San Pablo no procura defenderse; pinta su pecado como es, sin intentar atenuar su culpa. Dice: "Lo cual también hice en Jerusalén, encerrando yo mismo en la cárcel a muchos de los santos habiendo recibido autorización de parte de los jefes de los sacerdotes; y cuando se les daba muerte, yo echaba mi voto contra ellos. Y castigándolos muchas veces, por todas las sinagogas, les hacia fuerza para que blasfemasen; y estando sobremanera enfurecido contra ellos, iba en persecución de ellos hasta las ciudades extranjeras". (Hechos 26: 10, 11). Sin vacilar declara: "Cristo Jesús vino al mundo para salvar a los pecadores; de los cuales yo soy el primero" (1 Timoteo 1: 15). [41] El corazón humilde y quebrantado, enternecido por el arrepentimiento genuino, apreciará algo del amor de Dios y del costo del Calvario; y como el hijo se confiesa a un padre amoroso, así presentará el que esté verdaderamente arrepentido todos sus pecados delante de Dios. "Si confesamos nuestros pecados, él es fiel y justo para perdonarnos nuestros pecados, y limpiarnos de toda iniquidad' (1 S. Juan 1: 9). [42]

CAPÍTULO 5

LA CONSAGRACIÓN

LA PROMESA de Dios es: "Me buscaréis y me hallaréis cuando me buscaréis de todo vuestro corazón" (Jeremías 29: 13).

Debemos dar a Dios todo el corazón o, de otra manera, el cambio que se ha de efectuar en nosotros, y por el cual hemos de ser transformados conforme a su semejanza, jamás se realizará. Por naturaleza estamos enemistados con Dios. El Espíritu Santo describe nuestra condición en palabras como éstas: "Muertos en las transgresiones y los pecados" (Efesios 2: 1), "la cabeza toda está ya enferma, el corazón todo desfallecido", "no queda ya en él cosa sana" (Isaías 1: 5, 6). Estamos enredados fuertemente en los lazos de Satanás, por el cual hemos "sido apresados para hacer su voluntad" (2 Timoteo 2: 26). Dios quiere sanarnos y libertarnos. Pero, puesto que esto demanda una transformación completa y la renovación de toda nuestra naturaleza, debemos entregarnos a él enteramente.

La guerra contra nosotros mismos es la batalla más grande que jamás hayamos tenido. El rendirse a sí mismo, entregando todo a la voluntad de Dios, requiere una lucha; mas para que el alma sea renovada en santidad, debe someterse antes a Dios.

El gobierno de Dios no está fundado en una sumisión ciega y en una reglamentación irracional, como Satanás quiere hacerlo aparecer. Al contrario, apela a entendimiento y la conciencia. "¡Venid, pues, y arguyamos juntos!" (Isaías 1: 18), es la invitación del Creador a todos los seres que ha formado. Dios no fuerza la voluntad de sus criaturas. El no puede aceptar un homenaje que no se le dé voluntaria e inteligentemente. Una sumisión meramente forzada impedirá todo desarrollo real del entendimiento y del carácter: haría del hombre un mero autómata. No es ése el designio del Creador. El desea que el hombre, que es la obra maestra de su poder creador, alcance el más alto desarrollo posible. Nos presenta la gloriosa altura a la cual quiere elevarnos mediante su gracia. Nos invita a entregarnos a él a fin de que pueda hacer su voluntad en nosotros. A nosotros nos toca decidir si queremos ser libres de la esclavitud del pecado para participar de la libertad gloriosa de los hijos de Dios.

Al consagrarnos a Dios, debemos necesariamente abandonar todo aquello que nos separe de él. Por esto dice el Salvador: "Así, pues, cada uno de vosotros que no renuncia a todo cuanto posee, no puede ser mi discípulo" (S. Lucas 14: 33). Debemos dejar todo lo que aleje el corazón de Dios. Los tesoros son el ídolo de muchos. El amor al dinero y el deseo de las riquezas son la cadena de oro que los tienen sujetos a Satanás. Otros adoran la reputación y los honores del mundo. Una vida de comodidad egoísta, libre de responsabilidad, es el ídolo de otros. Más deben romperse estos lazos de servidumbre. No podemos consagrar una parte de nuestro corazón al Señor y la otra al mundo. No somos hijos de Dios a menos que lo seamos enteramente. Hay algunos que profesan servir a Dios a la vez que confían en sus propios esfuerzos para obedecer su ley, formar un carácter recto y asegurarse la salvación. Sus corazones no son movidos por ningún sentimiento profundo del amor de Cristo, sino que tratan de ejecutar los deberes de la vida cristiana como una cosa que Dios demanda de ellos, a fin de ganar el cielo.

Tal religión no vale nada. Cuando Cristo mora en el corazón, el alma está tan llena de su amor, del gozo de su comunión, que se une a él, y pensando en él, se olvida de sí misma. El amor de Cristo es el móvil de la acción. Aquellos que sienten el constructivo amor de Dios no preguntan cuánto es lo menos que pueden darle para satisfacer los requerimientos de Dios; no preguntan cuál es la más baja norma aceptada, sino que aspiran a una vida de completa conformidad con la voluntad de su Salvador. Con ardiente deseo entregan todo y manifiestan un interés proporcionado al valor del objeto que buscan. El profesar pertenecer a Cristo sin sentir amor profundo, es mera charla, árido formalismo, gravosa y vil tarea.

¿Creéis que es un sacrificio demasiado grande dar todo a Cristo? Haceos a vosotros mismos la pregunta: "¿Qué ha dado Cristo por mí?" El Hijo de Dios dio todo para nuestra redención: la vida, el amor y los sufrimientos. ¿Y es posible que nosotros, seres indignos de tan grande amor, rehusemos entregarle nuestro corazón? Cada momento de nuestra vida hemos sido participantes de las bendiciones de su gracia, y por esta misma razón no podemos comprender plenamente las profundidades de la ignorancia y la miseria de que hemos sido salvados. ¿Es posible que veamos a Aquel a quien traspasaron nuestros pecados y continuemos, sin embargo, menospreciando todo su amor y su sacrificio? Viendo la humillación infinita del Señor de gloria, ¿murmuraremos porque no podemos entrar en la vida sino a costa de conflictos y humillación propia?

Muchos corazones orgullosos preguntan: "¿Por qué necesitamos arrepentirnos y humillarnos antes de poder tener la seguridad de que somos aceptados por Dios?" Mirad a Cristo. En él no había pecado alguno y, lo que es más, era el Príncipe del cielo; mas por causa del hombre se hizo pecado. "Con los transgresores fue contado: y él mismo llevó el pecado de muchos, y por los transgresores intercedió" (Isaías 53: 12).

¿Y qué abandonamos cuando damos todo? Un corazón corrompido para que Jesús lo purifique, para que lo limpie con su propia sangre y para que lo salve con su incomparable amor. ¡Y sin embargo, los hombres hallan difícil dejarlo todo! Me avergüenzo de oírlo decir y de escribirlo.

Dios no nos pide que dejemos nada de lo que es para nuestro mayor provecho retener. En todo lo que hace, tiene presente la felicidad de sus hijos. Ojalá que todos aquellos que no han elegido seguir a Cristo pudieran comprender que él tiene algo muchísimo mejor que ofrecerles que lo que están buscando por sí mismos. El hombre hace el mayor perjuicio e injusticia a su propia alma cuando piensa y obra de un modo contrario a la voluntad de Dios. Ningún gozo real puede haber en la senda prohibida por Aquel que conoce lo que es mejor y proyecta el bien de sus criaturas. El camino de la transgresión es el camino de la miseria y la destrucción.

Es un error dar cabida al pensamiento de que Dios se complace en ver sufrir a sus hijos. Todo el cielo está interesado en la felicidad del hombre. Nuestro Padre celestial no cierra las avenidas del gozo a ninguna de sus criaturas. Los requerimientos divinos nos llaman a rehuir todos los placeres que traen consigo sufrimiento y contratiempos, que nos cierran la puerta de la felicidad y del cielo. El Redentor del mundo acepta a los hombres tales como son, con todas sus necesidades, imperfecciones y debilidades; y no solamente los limpiará de pecado y les concederá redención por su sangre, sino que satisfará el anhelo de todos los que consientan en llevar su yugo y su carga. Es su designio impartir paz y descanso a todos los que acudan a él en busca del pan de la vida. Solamente demanda de nosotros que cumplamos los deberes que guíen nuestros pasos a las alturas de la felicidad, a las cuales los [47] desobedientes nunca pueden llegar. La verdadera vida de gozo del alma es tener a Cristo, la esperanza de gloria, modelado en ella.

Muchos dicen: "¿Cómo me entregaré a Dios?" Deseáis hacer su voluntad, mas sois moralmente débiles, sujetos a la duda y dominados por los hábitos de vuestra mala vida. Vuestras promesas y resoluciones son tan frágiles como telas de araña. No podéis gobernar vuestros pensamientos, impulsos y afectos. El conocimiento de vuestras promesas no cumplidas y de vuestros votos quebrantados debilita vuestra confianza en vuestra propia sinceridad y os induce a sentir que Dios no puede aceptaros; mas no necesitáis desesperar. Lo que necesitáis comprender es la verdadera fuerza de la voluntad. Este es el poder que gobierna en la naturaleza del hombre: el poder de decidir o de elegir. Todas las cosas dependen de la correcta acción de la voluntad. Dios ha dado a los hombres el poder de elegir; depende de ellos el ejercerlo. No podéis cambiar vuestro corazón, ni dar por vosotros mismos sus afectos a Dios; pero podéis elegir servirle. Podéis darle vuestra voluntad, para que él obre en vosotros, tanto el querer como el hacer, según su voluntad. De ese modo vuestra naturaleza entera estará bajo el dominio del Espíritu de Cristo, vuestros afectos se concentrarán en él y vuestros pensamientos se pondrán en armonía con él.

Desear ser bondadosos y santos es rectísimo; pero si sólo llegáis hasta allí de nada os valdrá. Muchos se perderán esperando y deseando ser cristianos. No llegan al punto de [48] dar su voluntad a Dios. No eligen ser cristianos ahora.

Por medio del debido ejercicio de la voluntad, puede obrarse un cambio completo en vuestra vida. Al dar vuestra voluntad a Cristo. Os unís con el poder que está sobre todo principado y potestad. Tendréis fuerza de lo alto para sosteneros firmes, y rindiéndoos así constantemente a Dios seréis fortalecidos para vivir una vida nueva, es a saber, la vida de la fe.

CAPÍTULO 6

MARAVILLAS OBRADAS POR LA FE

A MEDIDA que vuestra conciencia ha sido vivificada por el Espíritu Santo habéis visto algo de la perversidad del pecado, de su poder, su culpa, su miseria; y lo miráis con aborrecimiento. Veis que el pecado os ha separado de Dios y que estáis bajo la servidumbre del poder del mal. Cuanto más lucháis por escaparos, tanto más comprendéis vuestra impotencia. Vuestros motivos son impuros, vuestro corazón está corrompido. Veis que vuestra vida ha estado colmada de egoísmo y pecado. Ansiáis ser perdonados, limpiados y libertados. ¿Qué podéis hacer para obtener la armonía con Dios y la semejanza a él?

Lo que necesitáis es paz: el perdón, la paz y el amor del cielo en el alma. No se los puede comprar con dinero, la inteligencia no los puede obtener, la sabiduría no los puede alcanzar; nunca podéis esperar conseguirlos por vuestro propio esfuerzo. Mas Dios os lo ofrece como un don, "sin dinero y sin precio" (Isaías 55: 1). Son vuestros, con tal que extendáis la mano para tomarlos. El Señor dice: "¡Aunque vuestros pecados fuesen como la grana, como la nieve serán emblanquecidos; aunque fuesen rojos como el carmesí, como lana quedarán!" (Isaías 1: 18) "También os daré un nuevo corazón, y pondré un espíritu nuevo en medio de vosotros" (Ezequiel 36: 26).

Habéis confesado vuestros pecados y los habéis quitado de vuestro corazón. Habéis resuelto entregaros a Dios. Id pues a él y pedidle que os limpie de vuestros pecados y os dé un corazón nuevo. Creed que lo hará porque lo ha prometido. Esta es la lección que Jesús enseñó durante el tiempo que estuvo en la tierra: que debemos creer que recibimos el don que Dios nos promete y que es nuestro. Jesús sanaba a los enfermos cuando tenían fe en su poder; les ayudaba con las cosas que podían ver, inspirándoles así confianza en él tocante a las cosas que no podían ver, induciéndolos a creer en su poder de perdonar pecados. Establece esto claramente en el caso del paralítico: "Mas para que sepáis que el Hijo del hombre tiene potestad en la tierra de perdonar pecados (dijo entonces al paralítico): ¡Levántate, toma tu cama y vete a tu casa!" (S. Mateo 9: 6). Así también Juan el evangelista, al hablar de los milagros de Cristo, dice: "Estas empero han sido escritas, para que creáis que Jesús es el Cristo, el Hijo de Dios; y para que creyendo, tengáis vida en su nombre" (S. Juan 20: 31).

Del simple relato de la Biblia de cómo Jesús sanaba a los enfermos podemos aprender algo acerca del modo de ir a Cristo para que nos perdone nuestros pecados. Veamos ahora el caso del paralítico de Betesda. Este pobre enfermo estaba imposibilitado; no había usado sus miembros por treinta y ocho años. Con todo, Jesús le dijo: "¡Levántate, alza tu camilla, y anda!" El paralítico podría haber dicho: "Señor, si me sanas primero, obedeceré tu palabra". Pero no; creyó a la palabra de Cristo, [51] creyó que estaba sano, e hizo el esfuerzo en seguida; quiso andar y anduvo. Confió en la palabra de Cristo y Dios le dio el poder. Así quedó completamente sano.

Así también tú eres pecador. No puedes expiar tus pecados pasados, no puedes cambiar tu corazón y hacerte santo. Más Dios promete hacer todo esto por ti mediante Cristo. Crees en esa promesa. Confiesas tus pecados y te entregas a Dios. Quieres servirle. Tan ciertamente como haces esto, Dios cumplirá su palabra contigo. Si crees la promesa, si crees que estás perdonado y limpiado, Dios suplirá el hecho; estás sano, tal como Cristo dio potencia al paralítico para andar cuando el hombre creyó que había sido sanado. Así es si así lo crees.

No esperes sentir que estás sano, mas di: "Lo creo; así es, no porque lo sienta, sino porque Dios lo ha prometido".

Dice Jesús: "Todo cuanto pidiereis en la oración, creed que lo recibisteis ya; y lo tendréis" (S. Marcos 11: 24). Hay una condición en esta promesa: que pidamos conforme a la voluntad de Dios. Pero es la voluntad de Dios limpiarnos de pecado, hacernos hijos suyos y ponernos en actitud de vivir una vida santa. De modo que podemos pedir a Dios estas bendiciones, creer que las recibimos y agradecerle por haberlas recibido. Es nuestro privilegio ir a Jesús para que nos limpie, y estar en pie delante de la ley sin confusión ni remordimiento. "Así que ahora, ninguna condenación hay para los que están en Cristo Jesús, los que no andan conforme a la carne, sino conforme al Espíritu" (Romanos 8: 1). [52]

De modo que ya no sois vuestros; porque comprados sois por precio. "Sabiendo que fuisteis redimidos, . . . no con cosas corruptibles, como plata y oro, sino con preciosa sangre, la de Cristo, como de un cordero sin defecto e inmaculado". (1 S. Pedro 1: 18, 19) Por el simple hecho de creer en Dios, el Espíritu Santo ha engendrado una vida nueva en vuestro corazón. Sois como un niño nacido en la familia de Dios, y él os ama como a su Hijo.

Ahora bien, ya que os habéis consagrado a Jesús, no volváis atrás, no os separéis de él, mas todos los días decid: "Soy de Cristo; pertenezco a él"; y pedidle que os dé su Espíritu y que os guarde por su gracia. Puesto que es consagrándoos a Dios y creyendo en él como sois hechos sus hijos, así también debéis vivir en él. Dice el apóstol: "De la manera, pues que recibisteis a Cristo Jesús el Señor, así andad en él" (Colosenses 2: 6).

Algunos parecen creer que deben estar a prueba y que deben demostrar al Señor que se han reformado, antes de poder contar con su bendición. Más ellos pueden pedir la bendición de Dios ahora mismo. Deben tener su gracia, el Espíritu de Cristo, para que los ayude en sus flaquezas; de otra manera no pueden resistir al mal. Jesús se complace en que vayamos a él como somos, pecaminosos, impotentes, necesitados. Podemos ir con toda nuestra debilidad, insensatez y maldad y caer arrepentidos a sus pies. Es su gloria estrecharnos en los brazos de su amor, vendar nuestras heridas y limpiarnos de toda impureza. [53] Miles se equivocan en esto: no creen que Jesús les perdona personal e individualmente. No creen al pie de la letra lo que Dios dice. Es el privilegio de todos los que llenan las condiciones saber por sí mismos que el perdón de todo pecado es gratuito. Alejad la sospecha de que las promesas de Dios no son para vosotros. Son para todo pecador arrepentido. Cristo ha provisto fuerza y gracia para que los ángeles ministradores las lleven a toda alma creyente. Ninguno hay tan malvado que no encuentre fuerza, pureza y justicia en Jesús, que murió por los pecadores. El está esperándolos para cambiarles los vestidos sucios y corrompidos del pecado por las vestiduras blancas de la justicia; les da vida y no perecerán.

Dios no nos trata como los hombres se tratan entre sí. Sus pensamientos son pensamientos de misericordia, de amor y de la más tierna compasión. El dice: "¡Deje el malo su camino, y el hombre inicuo sus pensamientos, y vuélvase a Jehová, el cual tendrá compasión de él, y a nuestro Dios, porque es grande en perdonar!" "He borrado, como nublado, tus transgresiones, y como una nube tus pecados". (Isaías 55: 7; 44: 22) "No me complazco en la muerte del que muere, dice Jehová el Señor: ¡volveos pues, y vivid!" (Ezequiel 18: 32). Satanás está pronto para quitarnos la bendita seguridad que Dios nos da. Desea quitarnos toda vislumbre de esperanza y todo rayo de luz del alma; mas no se lo permitáis. No prestéis oído al tentador, antes decid: "Jesús ha muerto para que yo viva. Me ama y no [54] quiere que perezca. Tengo un Padre celestial muy compasivo; y aunque he abusado de su amor, aunque he disipado las bendiciones que me ha dado, me levantaré e iré a mi Padre y le diré: "¡Padre, he pecado contra el cielo y delante de ti; ya no soy digno de ser llamado hijo tuyo: haz que yo sea como uno de tus jornaleros!" En la parábola vemos cómo será recibido el extraviado: "Y estando todavía lejos, le vio su padre; y conmoviéronsele las entrañas; y corrió, y le echó los brazos al cuello, y le besó' (S. Lucas 15: 18 - 20).

Más aún esta parábola, tan tierna y conmovedora, es apenas un reflejo de la compasión de nuestro Padre celestial. El Señor declara por su profeta: "Con amor eterno te he amado, por tanto te he extendido mi misericordia' (Jeremías 31: 3). Cuando el pecador está aún lejos de la casa de su padre desperdiciando su hacienda en un país extranjero, el corazón del Padre se compadece de él; y cada deseo profundo de volver a Dios, despertado en el alma, no es sino la tierna invitación de su Espíritu, que insta, ruega y atrae al extraviado al seno amorosísimo de su Padre.

Con tan preciosas promesas bíblicas delante de vosotros, ¿podéis dar lugar a la duda? ¿Podéis creer que cuando el pobre pecador desea volver, desea abandonar sus pecados, el Señor le impide decididamente que venga arrepentido a sus pies? ¡Fuera contales pensamientos!

Nada puede destruir más vuestra propia alma que tener tal concepto de vuestro Padre celestial. El aborrece el pecado, mas ama al pecador, [55] habiéndose dado, en la persona de Cristo, para que todos los que quieran puedan ser salvos y tener bendiciones eternas en el reino de gloria. ¿Qué lenguaje más tierno o más fuerte podría haberse empleado que el elegido por él para expresar su amor hacia nosotros? El declara: "¿Se olvidará acaso la mujer de su niño mamante, de modo que no tenga compasión del hijo de sus entrañas? ¡Aún las tales le pueden olvidar; mas no me olvidaré yo de ti!' (Isaías 49: 15).

Alzad la vista los que vaciláis y tembláis; porque Jesús vive para interceder por nosotros. Agradeced a Dios por el don de su Hijo amado y pedid que no haya muerto en vano por vosotros. Su Espíritu os invita hoy. Id con todo vuestro corazón a Jesús y demandad sus bendiciones. Cuando leáis las promesas, recordad que son la expresión de un amor y una piedad inefables. El gran corazón de amor infinito se siente atraído hacia el pecador por una compasión ilimitada. "En quien tenemos redención por medio de su sangre, la remisión de nuestros pecados" (Efesios 1: 7). Sí, creed tan sólo que Dios es vuestro ayudador. El quiere restituir su imagen moral en el hombre. Acercaos a él con confesión y arrepentimiento y él se acercará a vosotros con misericordia y perdón.

CAPÍTULO 7

CÓMO LOGRAR UNA MAGNÍFICA RENOVACIÓN

"SI ALGUNO está en Cristo, es una nueva criatura: las cosas viejas pasaron ya, he aquí que todo se ha hecho nuevo" (2 Corintios 5: 17).

Tal vez alguno no Podrá decir el tiempo o el lugar exacto, ni trazar toda la cadena de circunstancias del proceso de su conversión; pero esto no prueba que no se haya convertido. Cristo dijo a Nicodemo: "El viento de donde quiere sopla, y oyes su sonido, mas no sabes de dónde viene, ni adónde va; así es todo aquel que es nacido del Espíritu" (S. Juan 3: 8). Así como el viento es invisible y, sin embargo, se ven y se sienten claramente sus efectos, así obra el Espíritu de Dios en el corazón humano. El poder regenerador que ningún ojo humano puede ver, engendra una vida nueva en el alma; crea un nuevo ser conforme a la imagen de Dios. Aunque la obra del Espíritu es silenciosa e imperceptible, sus efectos son manifiestos. Cuando el corazón ha sido renovado por el Espíritu de Dios, el hecho se manifiesta en la vida. Al paso que no podemos hacer nada para cambiar nuestro corazón, ni para ponernos en armonía con Dios, al paso que no debemos confiar para nada en nosotros ni en nuestras buenas obras, nuestras vidas han de revelar si la gracia de Dios mora en nosotros. Se notará un cambio en el carácter, en las costumbres y ocupaciones. La diferencia será muy clara e inequívoca entre lo que han sido y lo que son. El carácter se da a conocer, no por las obras buenas o malas que de vez en cuando se ejecutan, sino por la tendencia de las palabras y de los actos en la vida diaria.

Es cierto que puede haber una corrección del comportamiento externo, sin el poder regenerador de Cristo. El amor a la influencia y el deseo de la estimación de otros pueden producir una vida muy ordenada. El respeto propio puede impulsarnos a evitar la apariencia del mal. Un corazón egoísta puede ejecutar obras generosas.

¿De qué medio nos valdremos, entonces, para saber a qué clase pertenecemos?

¿Quién posee nuestro corazón? ¿Con quién están nuestros pensamientos? ¿De quién nos gusta hablar?

¿Para quién son nuestros más ardientes afectos y nuestras mejores energías? Si somos de Cristo, nuestros pensamientos están con él y nuestros más gratos pensamientos son para él. Todo lo que tenemos y somos lo hemos consagrado a él. Deseamos vehementemente ser semejantes a él, tener su Espíritu, hacer su voluntad y agradarle en todo.

Los que son hechos nuevas criaturas en Cristo Jesús manifiestan los frutos del Espíritu: "amor, gozo, paz, longanimidad, benignidad, bondad, fidelidad, mansedumbre, templanza". (Gálatas 5: 22, 23) Ya no se conforman por más tiempo con las concupiscencias anteriores, sino que por la fe del Hijo de Dios siguen sus pisadas, reflejan [58] su carácter y se purifican a sí mismos así como él es puro. Aman ahora las cosas que en un tiempo aborrecían y aborrecen las cosas que en otro tiempo amaban. El que era orgulloso y dominante, ahora es manso y humilde de corazón. El que antes era vano y altanero, ahora es serio y discreto. El que antes era borracho, ahora es sobrio y el que era libertino, puro. Han dejado las costumbres y modas vanas del mundo. Los cristianos no buscan "el adorno exterior", sino que "sea adornado el hombre interior del corazón, con la ropa imperecedera de un espíritu manso y sosegado" (1 S. Pedro 3: 3, 4).

No hay evidencia de arrepentimiento verdadero cuando no se produce una reforma en la vida. Si restituye la prenda, devuelve lo que hubiere robado, confiesa sus pecados y ama a Dios y a su prójimo, el pecador puede estar seguro de que pasó de muerte a vida.

Cuando venimos a Cristo, como seres errados y pecaminosos, y nos hacemos participantes de su gracia perdonadora, nace en nuestro corazón el amor a él. Toda carga resulta ligera; porque el yugo de Cristo es suave. Nuestros deberes se hacen deliciosos y los sacrificios, un gozo. El sendero que en el pasado nos parecía cubierto de tinieblas ahora brilla con los rayos del Sol de Justicia.

La belleza del carácter de Cristo se verá en los que le siguen. Era su delicia hacer la voluntad de Dios. El poder predominante en la vida de nuestro Salvador era el amor a Dios y el celo por su gloria. El amor embellecía y ennoblecía todas sus acciones. El amor es de [59] Dios, no puede producirlo u originarlo el corazón inconverso. Se encuentra solamente en el corazón donde Cristo reina. "Nosotros amamos, por cuanto él nos amó primero". (1 S. Juan 4: 19) En el corazón regenerado por la gracia divina, el amor es el móvil de las acciones. Modifica el carácter, gobierna los impulsos, restringe las pasiones, domina la enemistad y ennoblece los afectos. Este amor alimentado en el alma, endulza la vida y derrama una influencia purificadora en todo su derredor.

Hay dos errores contra los cuales los hijos de Dios, particularmente los que apenas han comenzado a confiar en su gracia, deben especialmente guardarse. El primero, sobre el que ya se ha insistido, es el de fijarse en sus propias obras, confiando en alguna cosa que puedan hacer, para ponerse en armonía con Dios. El que está procurando llegar a ser santo mediante sus propios esfuerzos por guardar la ley, está procurando una imposibilidad. Todo lo que el hombre puede hacer sin Cristo está contaminado de amor propio y pecado. Solamente la gracia de Cristo, por medio de la fe, puede hacernos santos.

El error opuesto y no menos peligroso es que la fe en Cristo exime a los hombres de guardar la ley de Dios; que puesto que solamente por la fe somos hechos participantes de la gracia de Cristo, nuestras obras no tienen nada que ver con nuestra redención.

Pero nótese aquí que la obediencia no es un mero cumplimiento externo, sino un servicio de amor. La ley de Dios es una expresión de [60] su misma naturaleza; es la personificación del gran principio del amor y, en consecuencia, el fundamento de su gobierno en los cielos y en la tierra. Si nuestros corazones son regenerados a la semejanza de Dios, si el amor divino es implantado en el corazón, ¿no se manifestará la ley de Dios en la vida? Cuando es implantado el principio del amor en el corazón, cuando el hombre es renovado conforme a la imagen del que lo creó, se cumple en él la promesa del nuevo pacto: "Pondré mis leyes en su corazón, y también en su mente las escribiré" (Hebreos 10: 16). Y si la ley está escrita en el corazón, ¿no modelará la vida? La obediencia, es decir, el servicio y la lealtad de amor, es la verdadera prueba del discipulado. Siendo así, la Escritura dice: "Este es el amor de Dios, que guardemos sus mandamientos" "El que dice: Yo le conozco, y no guarda sus mandamientos, es mentiroso, y no hay verdad en él" (1 S. Juan 5: 3; 2: 4) En vez de que la fe exima al hombre de la obediencia, es la fe, y sólo ella, la que lo hace participante de la gracia de Cristo y lo capacita para obedecerlo.

No ganamos la salvación con nuestra obediencia; porque la salvación es el don gratuito de Dios, que se recibe por la fe. Pero la obediencia es el fruto de la fe. "Sabéis que él fue manifestado para quitar los pecados, y en él no hay pecado. Todo aquel que mora en él no peca; todo aquel que peca no le ha visto, ni le ha conocido". (1 S. Juan 3: 5, 6) He aquí la verdadera prueba. Si moramos en Cristo, si el amor de Dios mora en nosotros, nuestros sentimientos, nuestros pensamientos, nuestras acciones, tienen que [61] estar en armonía con la voluntad de Dios como se expresa en los preceptos de su santa ley. "¡Hijitos míos, no dejéis que nadie os engañe! el que obra justicia es justo, así como él es justo""(1 S. Juan 3: 7). Sabemos lo que es justicia por el modelo de la santa ley de Dios, como se expresa en los Diez Mandamientos dados en el Sinaí.

Esa así llamada fe en Cristo, que según se declara exime a los hombres de la obligación de la obediencia a Dios, no es fe sino presunción. "Por gracia sois salvos, por medio de la fe". Mas "la fe, si no tuviere obras, es de suyo muerta' (Efesios 2: 8; Santiago 2: 7). Jesús dijo de sí mismo antes de venir al mundo: "Me complazco en hacer tu voluntad, oh Dios mío, y tu ley está en medio de mi corazón" (Salmo 40: 8). Y cuando estaba por ascender a los cielos, dijo otra vez: "Yo he guardado los mandamientos de mi Padre, y permanezco en su amor' (S. Juan 15: 10). La Escritura dice: "¡Y en esto sabemos que le conocemos a él, a saber, si guardamos sus mandamientos.... El que dice que mora en él, debe también él mismo andar así como él anduvo' (1 S. Juan 2: 3 - 6). "Pues que Cristo también sufrió por vosotros, dejándoos ejemplo, para que sigáis en sus pisadas" (1 S. Pedro 2: 21).

La condición para alcanzar la vida eterna es ahora exactamente la misma de siempre, tal cual era en el paraíso antes de la caída de nuestros primeros padres: la perfecta obediencia a la ley de Dios, la perfecta justicia. Si la vida eterna se concediera con alguna condición [62] inferior a ésta, peligraría la felicidad de todo el universo. Se le abriría la puerta al pecado con todo su séquito de dolor y miseria para siempre.

Era posible para Adán, antes de la caída, conservar un carácter justo por la obediencia a la ley de Dios. Más no lo hizo, y por causa de su caída tenemos una naturaleza pecaminosa y no podemos hacernos justos a nosotros mismos. Puesto que somos pecadores y malos, no podemos obedecer perfectamente una ley santa. No tenemos por nosotros mismos justicia con que cumplir lo que la ley de Dios demanda. Más Cristo nos ha preparado una vía de escape. Vivió sobre la tierra en medio de pruebas y tentaciones tales como las que nosotros tenemos que arrostrar. Sin embargo, su vida fue impecable. Murió por nosotros y ahora ofrece quitarnos nuestros pecados y vestirnos de su justicia. Si os entregáis a él y lo aceptáis como vuestro Salvador, por pecaminosa que haya sido vuestra vida, seréis contados entre los justos por consideración a el. El carácter de Cristo toma el lugar del vuestro, y vosotros sois aceptados por Dios como si no hubierais pecado.

Más aún, Cristo cambia el corazón. Habita en vuestro corazón por la fe. Debéis mantener esta comunión con Cristo por la fe y la sumisión continua de vuestra voluntad a él; mientras hagáis esto, él obrará en vosotros para que queráis y hagáis conforme a su voluntad. Así podréis decir:

" Aquella vida que ahora vivo en la carne, la vivo por la fe en el Hijo de Dios, el cual me amó, y se dio a sí mismo por mí" (Gálatas 2: 20). Así dijo Jesús a sus discípulos: "No [63] sois vosotros quienes habláis, sino el Espíritu de vuestro Padre que habla en vosotros' (S. Mateo 10: 20). De modo que si Cristo obra en vosotros, manifestaréis el mismo espíritu y haréis las mismas obras: obras de justicia y obediencia.

Así pues no hay nada en nosotros mismos de que jactarnos. No tenemos motivo para ensalzarnos. El único fundamento de nuestra esperanza es la justicia de Cristo imputada a nosotros y la que produce su Espíritu obrando en nosotros y por nosotros.

Cuando hablamos de la fe debemos tener siempre presente una distinción. Hay una clase de creencia enteramente distinta de la fe. La existencia y el poder de Dios, la verdad de su Palabra, son hechos que aun Satanás y sus huestes no pueden negar de corazón. La Biblia dice que "los demonios lo creen, y tiemblan" (Santiago 2: 19), pero ésta no es fe. Donde no sólo hay una creencia en la Palabra de Dios, sino una sumisión de la voluntad a él; donde se le da a él el corazón y los afectos se fijan en él, allí hay fe, fe que obra por el amor y purifica el alma. Mediante esta fe, el corazón se renueva conforme a la imagen de Dios. Y el corazón que en su estado carnal no se sujetaba a la ley de Dios ni tampoco podía, se deleita después en sus santos preceptos, diciendo con el salmista: "¡Oh cuánto amo tu ley! todo el día es ella mi meditación' (Salmo 119: 97). Y la justicia de la ley se cumple en nosotros, los que no andamos "conforme a la carne, mas conforme al espíritu' (Romanos 8: 1).

Hay quienes han conocido el amor perdonador de Cristo y desean realmente ser hijos de Dios; sin embargo, reconocen que su carácter es imperfecto y su vida defectuosa, y están propensos a dudar de que sus corazones hayan sido regenerados por el Espíritu Santo. A los tales quiero decirles que no se abandonen a la desesperación. Tenemos a menudo que postrarnos y llorar a los pies de Jesús por causa de nuestras culpas y errores; pero no debemos desanimarnos. Aun si somos vencidos por el enemigo, no somos arrojados, ni abandonados, ni rechazados por Dios. No; Cristo está a la diestra de Dios e intercede por nosotros. Dice el discípulo amado: "Estas cosas os escribo, para que no pequéis. Y si alguno pecare, abogado tenemos para con el Padre, a saber, a Jesucristo el Justo" (1 S. Juan 2: 1). Y no olvidéis las palabras de Cristo: "Porque el Padre mismo os ama' (S. Juan 16: 27). El quiere que os reconciliéis con él, quiere ver su pureza y santidad reflejadas en vosotros. Y si tan sólo queréis entregaros a él, el que comenzó en vosotros la buena obra la perfeccionará, hasta el día de Jesucristo. Orad con más fervor; creed más plenamente. A medida que desconfiemos de nuestra propia fuerza, confiaremos en el poder de nuestro Redentor, y luego alabaremos a Aquel que es la salud de nuestro rostro.

Cuanto más cerca estéis de Jesús, más imperfectos os reconoceréis, porque veréis más claramente vuestros defectos a la luz del contraste de su perfecta naturaleza. Esta es una evidencia de que los engaños de Satanás han perdido su poder y de que el Espíritu de Dios os está despertando.

No puede existir amor profundo por Jesús en el corazón que no comprende su propia perversidad. El alma que se haya transformado por la gracia de Cristo, admirará su divino carácter. Pero el no ver nuestra propia deformidad moral, es una prueba inequívoca de que no hemos llegado a ver la belleza y excelencia de Cristo.

Mientras menos cosas dignas de estima veamos en nosotros, más encontraremos que estimar en la pureza y santidad infinitas de nuestro Salvador. Una idea de nuestra pecaminosidad nos puede guiar a Aquel que nos puede perdonar; y cuando, comprendiendo nuestra impotencia, nos esforcemos en seguir a Cristo, él se nos revelará con poder. Cuanto más nos guíe la necesidad a él y a la Palabra de Dios, tanto más elevada visión tendremos de su carácter y más plenamente reflejaremos su imagen.

CAPÍTULO 8

EL SECRETO DEL CRECIMIENTO

EN LA Biblia se llama nacimiento al cambio de corazón por el cual somos hechos hijos de Dios. También se lo compara con la germinación de la buena semilla sembrada por el labrador. De igual modo los que están recién convertidos a Cristo, son como "niños recién nacidos", "creciendo" (1 S. Pedro 2: 2; Efesios 4: 15). a la estatura de hombres en Cristo Jesús. Como la buena simiente en el campo, tienen que crecer y dar fruto. Isaías dice que serán "llamados árboles de justicia, plantados por Jehová mismo, para que él sea glorificado" (Isaías 61: 3). Del mundo natural se sacan así ilustraciones para ayudarnos a entender mejor las verdades misteriosas de la vida espiritual.

Toda la sabiduría e inteligencia de los hombres no puede dar vida al objeto más pequeño de la naturaleza. Solamente por la vida que Dios mismo les ha dado pueden vivir las plantas y los animales. Asimismo es solamente mediante la vida de Dios como se engendra la vida espiritual en el corazón de los hombres. Si el hombre no "naciere de nuevo" (S. Juan 3: 3) no puede ser hecho participante de la vida que Cristo vino a dar.

Lo que sucede con la vida, sucede con el crecimiento. Dios es el que hace florecer el capullo y fructificar las flores. Su poder es el que hace a la simiente desarrollar "primero hierba, luego espiga, luego grano lleno en la espiga" (S. Marcos 4: 28). El profeta Oseas dice que Israel "echará flores como el lirio". "Serán revivificados como el trigo, y florecerán como la vid" (Oseas 14: 5, 7). Y Jesús nos dice: "¡Considerad los lirios, cómo crecen!" (S. Lucas 12: 27). Las plantas y las flores crecen no por su propio cuidado o solicitud o esfuerzo, sino porque reciben lo que Dios ha proporcionado para que les dé vida. El niño no puede por su solicitud o poder propio añadir algo a su estatura. Ni vosotros podréis por vuestra solicitud o esfuerzo conseguir el crecimiento espiritual. La planta y el niño crecen al recibir de la atmósfera que los rodea aquello que les da vida: el aire, el sol y el alimento. Lo que estos dones de la naturaleza son para los animales y las plantas, es Cristo para los que confían en él. El es su "luz eterna", "escudo y sol" (Isaías 60: 19; Salmo 84: 11). Será como el "rocío a Israel". "Descenderá como la lluvia sobre el césped cortado" (Oseas 14: 5; Salmo 72: 6) El es el agua viva, "el pan de Dios . . . que descendió del cielo, y da vida al mundo" (S. Juan 6: 33).

En el don incomparable de su Hijo, ha rodeado Dios al mundo entero en una atmósfera de gracia tan real como el aire que circula en derredor del globo. Todos los que quisieren respirar esta atmósfera vivificante vivirán y crecerán hasta la estatura de hombres y mujeres en Cristo Jesús. [68] Como la flor se torna hacia el sol, a fin de que los brillantes rayos la ayuden a perfeccionar su belleza y simetría, así debemos tornarnos hacia el Sol de Justicia, a fin de que la luz celestial brille sobre nosotros, para que nuestro carácter se transforme a la imagen de Cristo.

Jesús enseña la misma cosa cuando dice: "¡Permaneced en mí, y yo en vosotros! Como no puede el sarmiento llevar fruto de sí mismo, si no permaneciera en la vid, así tampoco vosotros, si no permaneciereis en mí.... Porque separados de mí nada podéis hacer' (S. Juan 15: 4, 5). Así también vosotros necesitáis del auxilio de Cristo, para poder vivir una vida santa, como la rama depende del tronco principal para su crecimiento y fructificación. Fuera de él no tenéis vida. No hay poder en vosotros para resistir la tentación o para crecer en la gracia o en la santidad. Morando en él podéis florecer. Recibiendo vuestra vida de él, no os marchitaréis ni seréis estériles. Seréis como el árbol plantado junto a arroyos de aguas.

Muchos tienen la idea de que deben hacer alguna parte de la obra solos. Ya han confiado en Cristo para el perdón de sus pecados, pero ahora procuran vivir rectamente por sus propios esfuerzos. Más tales esfuerzos se desvanecerán. Jesús dice: "Porque separados de mí nada podéis hacer". Nuestro crecimiento en la gracia, nuestro gozo, nuestra utilidad, todo depende de nuestra unión con Cristo. Solamente estando en comunión con él diariamente, a cada hora permaneciendo en él, es como hemos de crecer en la gracia. El no es solamente el [69] autor sino también el consumador de nuestra fe. Cristo es el principio, el fin, la totalidad. Estará con nosotros no solamente al principio y al fin de nuestra carrera, sino en cada paso del camino. David dice: "A Jehová he puesto siempre delante de mí; porque estando él a mi diestra, no resbalaré" (Salmo 16: 8).

Preguntaréis, tal vez: "¿Cómo permaneceremos en Cristo? " Del mismo modo en que lo recibisteis al principio. "De la manera, pues que recibisteis a Cristo Jesús el Señor, así andad en él". "El justo... vivirá por la fe' (Colosenses 2: 6; Hebreos 10: 38). Habéis profesado daros a Dios, con el fin de ser enteramente suyos, para servirle y obedecerle, y habéis aceptado a Cristo como vuestro Salvador. No podéis por vosotros mismos expiar vuestros pecados o cambiar vuestro corazón; mas habiéndoos entregado a Dios, creísteis que por causa de Cristo él hizo todo esto por vosotros. Por la fe llegasteis a ser de Cristo, y por la fe tenéis que crecer en él dando y tomando a la vez. Tenéis que darle todo: el corazón, la voluntad, la vida, daros a él para obedecer todos sus requerimientos; y debéis tomar todo: a Cristo, la plenitud de toda bendición, para que habite en vuestro corazón y para que sea vuestra fuerza, vuestra justicia, vuestra eterna ayuda, a fin de que os dé poder para obedecerle.

Conságrate a Dios todas las mañanas; haz de esto tu primer trabajo. Sea tu oración: "Tómame ¡oh Señor! como enteramente tuyo. Pongo todos mis planes a tus pies. Úsame hoy en tu servicio. Mora conmigo y sea toda mi obra hecha en ti". Este es un asunto diario. Cada mañana conságrate a Dios por ese día. Somete todos tus planes a él, para ponerlos en práctica o abandonarlos según te lo indicare su providencia. Sea puesta así tu vida en las manos de Dios y será cada vez mas semejante a la de Cristo.

La vida en Cristo es una vida de reposo. Puede no haber éxtasis de la sensibilidad, pero debe haber una confianza continua y apacible. Vuestra esperanza no está en vosotros; está en Cristo. Vuestra debilidad está unida a su fuerza, vuestra ignorancia a su sabiduría, vuestra fragilidad a su eterno poder. Así que no debéis miraros a vosotros, ni depender de vosotros, mas mirad a Cristo. Pensad en su amor, en su belleza y en la perfección de su carácter. Cristo en su abnegación, Cristo en su humillación, Cristo en su pureza y santidad, Cristo en su incomparable amor: esto es lo que debe contemplar el alma. Amándole, imitándole, dependiendo enteramente de él, es como seréis transformados a su semejanza.

Jesús dice: "Permaneced en mí" Estas palabras dan idea de descanso, estabilidad, confianza. También nos invita: "¡Venid a mí ... y os daré descanso!" (S. Mateo 11: 28). Las palabras del salmista expresan el mismo pensamiento: "Confía calladamente en Jehová, y espérale con paciencia". E Isaías asegura que "en quietud y confianza será vuestra fortaleza" (Salmo 37: 7; Isaías 30: 15). Este descanso no se funda en la inactividad: porque en la invitación del Salvador la promesa de descanso está unida con el llamamiento al trabajo: [71] "Tomad mi yugo sobre vosotros, y . . hallaréis descanso". (S. Mateo 11 : 29) El corazón que más plenamente descansa en Cristo es el mas ardiente y activo en el trabajo para él.

Cuando el hombre dedica muchos pensamientos a sí mismo, se aleja de Cristo: manantial de fortaleza y vida. Por esto Satanás se esfuerza constantemente por mantener la atención apartada del Salvador e impedir así la unión y comunión del alma con Cristo. Los placeres del mundo, los cuidados de la vida Y sus perplejidades y tristezas, las faltas de otros o vuestras propias faltas e imperfecciones: hacia alguna de estas cosas, o hacia todas ellas, procura desviar la mente. No seáis engañados por sus maquinaciones. A muchos que son realmente concienzudos y que desean vivir para Dios, los hace también detenerse a menudo en sus faltas y debilidades, y al separarlos así de Cristo, espera obtener la victoria. No debemos hacer de nuestro yo el centro de nuestros pensamientos, ni alimentar ansiedad ni temor acerca de si seremos salvos o no. Todo esto es lo que desvía el alma de la Fuente de nuestra fortaleza. Encomendad vuestra alma al cuidado de Dios y confiad en él. Hablad de Jesús y pensad en él. Piérdase en él vuestra personalidad. Desterrad toda duda; disipad vuestros temores. Decid con el apóstol Pablo: "Vivo; mas no ya yo, sino que Cristo vive en mí: y aquella vida que ahora vivo en la carne, la vivo por la fe en el Hijo de Dios, el cual me amó, y se dio a sí mismo por mí' (Gálatas 2: 20). Reposad en Dios. El puede guardar lo que le habéis confiado. Si os [72] ponéis en sus manos, él os hará más que vencedores por Aquel que nos amó.

Cuando Cristo se humanó, se unió a sí mismo a la humanidad con un lazo de amor que jamás romperá poder alguno, salvo la elección del hombre mismo. Satanás constantemente nos presenta engaños para inducirnos a romper este lazo: elegir separarnos de Cristo. Sobre esto necesitamos velar, luchar, orar, para que ninguna cosa pueda inducirnos a elegir otro maestro; pues estamos siempre libres para hacer esto. Más tengamos los ojos fijos en Cristo, y él nos preservará. Confiando en Jesús estamos seguros. Nada puede arrebatarnos de su mano. Mirándolo constantemente, "somos transformados en la misma semejanza, de gloria en gloria, así como por el Espíritu del Señor' (2 Corintios 3: 18.)

Así fue como los primeros discípulos se hicieron semejantes a nuestro Salvador. Cuando ellos oyeron las palabras de Jesús, sintieron su necesidad de él. Lo buscaron, lo encontraron, lo siguieron. Estaban con él en la casa, a la mesa, en su retiro, en el campo. Estaban con él como discípulos con un maestro, recibiendo diariamente de sus labios lecciones de santa verdad. Lo miraban como los siervos a su señor, para aprender sus deberes. Aquellos discípulos eran hombres sujetos "a las mismas debilidades que nosotros" (Santiago 5: 17). Tenían la misma batalla con el pecado. Necesitaban la misma gracia, a fin de poder vivir una vida santa.

Aun Juan, el discípulo amado, el que más plenamente llegó a reflejar la imagen del [73] salvador, no poseía naturalmente esa belleza de carácter. No solamente hacía valer sus derechos y ambicionaba honores, sino que era impetuoso y se resentía bajo las injurias. Mas cuando se le manifestó el carácter de Cristo, vio sus defectos y el conocimiento de ellos lo humilló. La fortaleza y la paciencia, el poder y la ternura, la majestad y la mansedumbre que él vio en la vida diaria del Hijo de Dios, llenaron su alma de admiración y amor. De día en día era su corazón atraído hacia Cristo, hasta que se olvidó de sí mismo por amor a su Maestro. Su genio, resentido y ambicioso, cedió al poder transformador de Cristo. La influencia regeneradora del Espíritu Santo renovó su corazón. El poder del amor de Cristo transformó su carácter. Este es el resultado seguro de la unión con Jesús. Cuando Cristo habita en el corazón, la naturaleza entera se transforma. El Espíritu de Cristo y su amor, ablandan el corazón, someten el alma y elevan los pensamientos y deseos a Dios y al cielo.

Cuando Cristo ascendió a los cielos, la sensación de su presencia permaneció aún con los que le seguían. Era una presencia personal, llena de amor y luz. Jesús, el Salvador, que había andado y conversado y orado con ellos, que había hablado a sus corazones palabras de esperanza y consuelo, fue arrebatado de ellos al cielo mientras les comunicaba aún un mensaje de paz, y los acentos de su voz: "He aquí yo estoy con vosotros todos los días hasta el fin del mundo" (S. Mateo 28: 20), llegaban todavía a ellos, cuando una nube de ángeles lo recibió. [74] Había ascendido al cielo en forma humana. Sabían que estaba delante del trono de Dios, como Amigo y Salvador suyo todavía; que sus simpatías no habían cambiado; que estaba aún identificado con la doliente humanidad. Estaba presentando delante de Dios los méritos de su propia sangre, estaba mostrándole sus manos y sus pies traspasados, como memoria del precio que había pagado por sus redimidos. Sabían que él había ascendido al cielo para prepararles lugar y que vendría otra vez para llevarlos consigo.

Al congregarse después de su ascensión, estaban ansiosos de presentar sus peticiones al Padre en el nombre de Jesús. Con solemne temor se postraron en oración, repitiendo la promesa: "Todo cuanto pidiereis al Padre en mi nombre, él os lo dará. Hasta ahora no habéis pedido nada en mi nombre: pedid y recibiréis, para que vuestro gozo sea completo" (S. Juan 16: 23, 24). Extendieron más y más la mano de la fe presentando aquel poderoso argumento: "¡Cristo Jesús es el que murió; más aún, el que fue levantado de entre los muertos; el que está a la diestra de Dios; el que también intercede por nosotros!" (Romanos 8: 34) Y en el día de Pentecostés vino a ellos la presencia del Consolador, del cual Cristo había dicho: "Estará en vosotros". Y les había dicho más: "Os conviene que yo vaya; porque si no me fuere, el Consolador no vendrá a vosotros; mas si me fuere, os le enviaré" (S. Juan 14: 17 ; 16: 7). Y desde aquel día Cristo había de morar continuamente por el Espíritu en el corazón [75] de sus hijos. Su unión con ellos era más estrecha que cuando él estaba personalmente con ellos. La luz, el amor y el poder de la presencia de Cristo resplandecían en ellos, de tal manera que los hombres, mirándolos, "se maravillaban; y al fin los reconocían, que eran de los que habían estado con Jesús" (Hechos 4: 13).

Todo lo que Cristo fue para sus primeros discípulos, desea serlo para sus hijos hoy; porque en su última oración, realizada con el pequeño grupo de discípulos que reunió a su alrededor, dijo: "No ruego solamente por éstos, sino por aquellos también que han de creer en mí por medio de la palabra de ellos" (S. Juan 17: 20).

Jesús oró por nosotros y pidió que fuésemos uno con él, así como él es uno con el Padre. ¡Qué unión tan preciosa! El Salvador había dicho de sí mismo: "No puede el Hijo hacer nada de sí mismo", "el Padre, morando en mí, hace sus obras" (S. Juan 5: 19; 14: 10). De modo que si Cristo está en nuestro corazón, obrará en nosotros "así el querer como el obrar a causa de su buena voluntad" (Filipenses 2:13). Trabajaremos como trabajó él; manifestaremos el mismo espíritu. Y amándole y morando en él así, creceremos "en todos respectos en el que es la Cabeza, es decir, en Cristo" (Efesios 4: 15).

CAPÍTULO 9

EL GOZO DE LA COLABORACIÓN

DIOS es la fuente de vida, luz y gozo para el universo. Como los rayos de la luz del sol, como las corrientes de agua que brotan de un manantial vivo, las bendiciones descienden de él a todas sus criaturas. Y dondequiera que la Vida de Dios esté en el corazón de los hombres, inundará a otros de amor y bendición.

El gozo de nuestro Salvador se cifraba en levantar y redimir a los hombres caídos. Para lograr este fin no consideró su vida como cosa preciosa, mas sufrió la cruz menospreciando la ignominia. Así los ángeles están siempre empeñados en trabajar por la felicidad de otros. Este es su gozo. Lo que los corazones egoístas considerarían un servicio degradante, servir a los que son infelices, y bajo todo aspecto inferiores a ellos en carácter y jerarquía, es la obra de los ángeles exentos de pecado. El espíritu de amor y abnegación de Cristo es el espíritu que llena los cielos y es la misma esencia de su gloria. Este es el espíritu que poseerán los discípulos de Cristo, la obra que harán.

Cuando el amor de Cristo está guardado en el corazón, como dulce fragancia no puede ocultarse. Su santa influencia será percibida por todos aquellos con quienes nos relacionemos. El espíritu de Cristo en el corazón es como un manantial en un desierto, que se derrama para refrescarlo todo y despertar, en los que ya están por perecer, ansias de beber del agua de la vida.

El amor a Jesús se manifestará por el deseo de trabajar, como él trabajó, por la felicidad y elevación de la humanidad. Nos inspirará amor, ternura y simpatía por todas las criaturas que gozan del cuidado de nuestro Padre celestial.

La vida terrenal del Salvador no fue una vida de comodidad y devoción a sí mismo, sino que trabajó con un esfuerzo persistente, ardiente, infatigable por la salvación de la perdida humanidad. Desde el pesebre hasta el Calvario, siguió la senda de la abnegación y no procuró estar libre de tareas arduas, duros viajes y penosísimo cuidado y trabajo. Dijo: "El Hijo del hombre no vino para ser servido, sino para servir, y para dar su vida en rescate por muchos" (S. Mateo 20: 28). Tal fue el gran objeto de su vida. Todo lo demás fue secundario y accesorio. Fue su comida y bebida hacer la voluntad de Dios y acabar su obra. No había amor propio ni egoísmo en su trabajo.

Así también los que son participantes de la gracia de Cristo están dispuestos a hacer cualquier sacrificio a fin de que aquellos por los cuales él murió tengan parte en el don celestial. Harán cuanto puedan para que el mundo sea mejor por su permanencia en él. Este espíritu es el fruto seguro del alma verdaderamente convertida. Tan pronto como viene uno a Cristo, nace en el corazón un vivo deseo de hacer conocer a otros cuán precioso amigo ha encontrado en Jesús; la verdad salvadora y santificadora no puede permanecer encerrada en el corazón. Si estamos revestidos de la justicia de Cristo y rebosamos de gozo por la presencia de su Espíritu, no podremos guardar silencio. Si hemos probado y visto que el Señor es bueno, tendremos algo que decir a otros. Como Felipe cuando encontró al Salvador, invitaremos a otros a ir a él.

Procuraremos hacerles presente los atractivos de Cristo y las invisibles realidades del mundo venidero. Anhelaremos ardientemente seguir en la senda que recorrió Jesús y desearemos que los que nos rodean puedan ver al "Cordero de Dios que quita el pecado del mundo" (S. Juan 1: 29).

Y el esfuerzo por hacer bien a otros se tornará en bendiciones para nosotros mismos. Este fue el designio de Dios, al darnos una parte que hacer en el plan de la redención. El ha concedido a los hombres el privilegio de ser hechos participantes de la naturaleza divina y de difundir a su vez bendiciones para sus hermanos. Este es el honor más alto y el gozo más grande que Dios pueda conferir a los hombres. Los que así participan en trabajos de amor, se acercan más a su Creador.

Dios podría haber encomendado el mensaje del Evangelio, y toda la obra del ministerio de amor, a los ángeles del cielo. Podría haber empleado otros medios para llevar a cabo su obra. Pero en su amor infinito quiso hacernos colaboradores con él, con Cristo y con los ángeles, para que participásemos de la bendición, del gozo y de la elevación espiritual que resultan de este abnegado ministerio.

Somos inducidos a simpatizar con Cristo, asociándonos a sus padecimientos. Cada acto de sacrificio personal por el bien de otros robustece el espíritu de caridad en el corazón y lo une más fuertemente al Redentor del mundo, quien, "siendo él rico, por vuestra causa se hizo pobre, para que vosotros, por medio de su pobreza, llegaseis a ser ricos' (2 Corintios 8: 9). Y solamente cuando cumplimos así el designio que Dios tenía al crearnos, puede la vida ser una bendición para nosotros.

Si trabajáis como Cristo quiere que sus discípulos trabajen y ganen almas para él, sentiréis la necesidad de una experiencia más profunda y de un conocimiento más grande de las cosas divinas y tendréis hambre y sed de justicia. Abogaréis con Dios y vuestra fe se robustecerá; y vuestra alma beberá en abundancia de la fuente de la salud. El encontrar oposición y pruebas os llevará a la Biblia y a la oración. Creceréis en la gracia y en el conocimiento de Cristo y adquiriréis una rica experiencia.

El trabajo desinteresado por otros da al carácter profundidad, firmeza y amabilidad parecidas a las de Cristo; trae paz y felicidad al que lo realiza. Las aspiraciones se elevan. No hay lugar para la pereza o el egoísmo. Los que de esta manera ejerzan las gracias cristianas crecerán y se harán fuertes para trabajar por Dios. Tendrán claras percepciones espirituales, una fe firme y creciente y un acrecentado poder en la oración. El Espíritu de Dios, que mueve su espíritu, pone en juego las sagradas [80] armonías del alma, en respuesta al toque divino. Los que así se consagran a un esfuerzo desinteresado por el bien de otros, están obrando ciertamente su propia salvación.

El único modo de crecer en la gracia es haciendo desinteresadamente la obra que Cristo ha puesto en nuestras manos: comprometernos, en la medida de nuestra capacidad, a ayudar y beneficiar a los que necesitan la ayuda que podemos darles. La fuerza se desarrolla con el ejercicio; la actividad es la misma condición de la vida. Los que se esfuerzan en mantener una vida cristiana aceptando pasivamente las bendiciones que vienen por la gracia, sin hacer nada por Cristo, procuran simplemente vivir comiendo sin trabajar. Pero el resultado de esto, tanto en el mundo espiritual como en el temporal, es siempre la degeneración y decadencia. El hombre que rehusara ejercitar sus miembros pronto perdería todo el poder de usarlos. También el cristiano que no ejercita las facultades que Dios le ha dado, no solamente dejará de crecer en Cristo, sino que perderá la fuerza que tenía.

La iglesia de Cristo es el agente elegido por Dios para la salvación de los hombres. Su misión es extender el Evangelio por todo el mundo. Y la obligación recae sobre todos los cristianos. Cada uno de nosotros, hasta donde lo permitan sus talentos y oportunidades, tiene que cumplir con la comisión del Salvador. El amor de Cristo que nos ha sido revelado nos hace deudores a cuantos no lo conocen. Dios nos dio luz no sólo para nosotros sino para que la derramemos sobre ellos.

Si los discípulos de Cristo comprendiesen su deber, habría mil heraldos del Evangelio a los gentiles donde hoy hay uno. Y todos los que no pudieran dedicarse personalmente a la obra, la sostendrían con sus recursos, simpatías y oraciones. Y habría de seguro más ardiente trabajo por las almas en los países cristianos.

No necesitamos ir a tierras de paganos, ni aún dejar el pequeño círculo del hogar, si es ahí a donde el deber nos llama a trabajar por Cristo. Podemos hacer esto en el seno del hogar, en la iglesia, entre aquellos con quienes nos asociamos y con quienes negociamos.

Nuestro Salvador pasó la mayor parte de su vida terrenal trabajando pacientemente en la carpintería de Nazaret. Los ángeles ministradores servían al Señor de la vida mientras caminaba con campesinos y labradores, desconocido y no honrado. El estaba cumpliendo su misión tan fielmente mientras trabajaba en su humilde oficio, como cuando sanaba a los enfermos o caminaba sobre las olas tempestuosas del mar de Galilea. Así, en los deberes más humildes y en las posiciones mas bajas de la vida, podemos andar y trabajar con Jesús.

El apóstol dice: "Cada uno permanezca para con Dios en aquel estado en que fue llamado" (1 Corintios 7: 24). El hombre de negocios puede dirigir sus negocios de un modo que glorifique a su Maestro por su fidelidad. Si es verdadero discípulo de Cristo, pondrá en práctica su religión en todo lo que haga y revelará a los hombres el espíritu de Cristo. El obrero manual puede ser un diligente y fiel representante de Aquel [82] que se ocupó en los trabajos humildes de la vida entre las colinas de Galilea. Todo aquel que lleva el nombre de Cristo debe obrar de tal modo que los otros, viendo sus buenas obras, sean inducidos a glorificar a su Creador y Redentor.

Muchos se excusan de poner sus dones al servicio de Cristo porque otros poseen mejores dotes y ventajas. Ha prevalecido la opinión de que solamente los que están especialmente dotados tienen que consagrar sus habilidades al servicio de Dios. Muchos han llegado a la conclusión de que el talento se da sólo a cierta clase favorecida, excluyendo a otros que, por supuesto, no son llamados a participar de las faenas ni de los galardones. Mas no lo indica así la parábola. Cuando el Señor de la casa llamó a sus siervos, dio a cada uno su trabajo.

Con espíritu amoroso podemos ejecutar los deberes más humildes de la vida "como para el Señor" (Colosenses 3: 23). Si tenemos el amor de Dios en nuestro corazón, se manifestará en nuestra vida. El suave olor de Cristo nos rodeará y nuestra influencia elevará y beneficiará a otros.

No debéis esperar mejores oportunidades o habilidades extraordinarias para empezar a trabajar por Dios. No necesitáis preocuparos en lo más mínimo de lo que el mundo dirá de vosotros. Si vuestra vida diaria es un testimonio de la pureza y sinceridad de vuestra fe y los demás están convencidos de vuestros deseos de hacerles bien, vuestros esfuerzos no serán enteramente perdidos.

Los más humildes y más pobres de los discípulos de Jesús pueden ser una bendición para otros. Pueden no echar de ver que están haciendo algún bien especial, pero por su influencia inconsciente pueden derramar bendiciones abundantes que se extiendan y profundicen, y cuyos benditos resultados no se conozcan hasta el día de la recompensa final. Ellos no sienten ni saben que están haciendo alguna cosa grande. No necesitan cargarse de ansiedad por el éxito. Tienen solamente que seguir adelante con tranquilidad, haciendo fielmente la obra que la providencia de Dios indique, y su vida no será inútil. Sus propias almas crecerán cada vez más a la semejanza de Cristo; son colaboradores de Dios en esta vida, y así se están preparando para la obra más elevada y el gozo sin sombra de la vida venidera. [84]

CAPÍTULO 10

LOS DOS LENGUAJES DE LA PROVIDENCIA

SON muchas las formas en que Dios está procurando dársenos a conocer y ponernos en comunión con él. La naturaleza habla sin cesar a nuestros sentidos. El corazón que está preparado quedará impresionado por el amor y la gloria de Dios tal como se revelan en las obras de sus manos. El oído atento puede escuchar y entender las comunicaciones de Dios por las cosas de la naturaleza. Los verdes campos, los elevados árboles, los botones y las flores, la nubecilla que pasa, la lluvia que cae, el arroyo que murmura, las glorias de los cielos, hablan a nuestro corazón y nos invitan a conocer a Aquel que lo hizo todo.

Nuestro Salvador entrelazó sus preciosas lecciones con las cosas de la naturaleza. Los árboles, los pájaros, las flores, los valles, las colinas, los lagos y los hermosos cielos, así como los incidentes y las circunstancias de la vida diaria, fueron todos ligados a las palabras de verdad, a fin de que sus lecciones fuesen así traídas a menudo a la memoria, aún en medio de los cuidados de la vida de trabajo del hombre.

Dios quiere que sus hijos aprecien sus obras y se deleiten en la sencilla y tranquila hermosura con que él ha adornado nuestra morada terrenal. El es amante de lo bello y, sobre todo, ama la belleza del carácter, que es más atractiva que todo lo externo; y quiere que cultivemos la pureza y la sencillez, las gracias características de las flores.

Si tan sólo queremos escuchar, las obras que Dios ha hecho nos enseñarán lecciones preciosas de obediencia y confianza. Desde las estrellas que en su carrera por el espacio sin huellas siguen de siglo en siglo sus sendas asignadas, hasta el átomo más pequeño, las cosas de la naturaleza obedecen a la voluntad del Creador. Y Dios cuida y sostiene todas las cosas que ha creado. El que sustenta los innumerables mundos diseminados por la inmensidad, también tiene cuidado del gorrioncillo que entona sin temor su humilde canto. Cuando los hombres van a su trabajo o están orando; cuando descansan o se levantan por la mañana; cuando el rico se sacia en el palacio, o cuando el pobre reúne a sus hijos alrededor de su escasa mesa, el Padre celestial vigila tiernamente a todos. No se derraman lágrimas sin que él lo note. No hay sonrisa que para él pase inadvertida.

Si creyéramos plenamente esto, toda ansiedad indebida desaparecería. Nuestras vidas no estarían tan llenas de desengaños como ahora; porque cada cosa, grande o pequeña, debe dejarse en las manos de Dios, quien no se confunde por la multiplicidad de los cuidados, ni se abruma por su peso. Gozaríamos entonces del reposo del alma al cual muchos han sido por largo tiempo extraños.

Cuando vuestros sentidos se deleiten en la amena belleza de la tierra, pensad en el mundo venidero que nunca conocerá mancha de pecado [86] ni de muerte; donde la faz de la naturaleza no llevará más la sombra de la maldición. Que vuestra imaginación represente la morada de los justos y entonces recordad que será más gloriosa que cuanto pueda figurarse la más brillante imaginación. En los variados dones de Dios en la naturaleza no vemos sino el reflejo más pálido de su gloria.

Está escrito: "¡Cosas que ojo no vio, ni oído oyó, y que jamás entraron en pensamiento humano, son las cosas grandes que ha preparado Dios para los que le aman!" (1 Corintios 2: 9).

El poeta y el naturalista tienen muchas cosas que decir acerca de la naturaleza, pero es el cristiano el que más goza de la belleza de la tierra, porque reconoce la obra de la mano de su Padre y percibe su amor en la flor, el arbusto y el árbol. Nadie que no los mire como una expresión del amor de Dios al hombre puede apreciar plenamente la significación de la colina ni del valle, del río ni del mar.

Dios nos habla mediante sus obras providenciales y por la influencia de su Espíritu Santo en el corazón. En nuestras circunstancias y ambiente, en los cambios que suceden diariamente en torno nuestro, podemos encontrar preciosas lecciones, si tan sólo nuestros corazones están abiertos para recibirlas. El salmista, trazando la obra de la Providencia divina, dice: "La tierra está llena de la misericordia de Jehová" (Salmo 33:5). "¡Quien sea sabio, observe estas cosas; y consideren todos la misericordia de Jehová!" (Salmo 107:43).

Dios nos habla también en su Palabra. En ella tenemos en líneas más claras la revelación de su carácter, de su trato con los hombres y de la gran obra de la redención. En ella se nos presenta la historia de los patriarcas y profetas y de otros hombres santos de la antigüedad. Ellos eran hombres sujetos "a las mismas debilidades que nosotros" (Santiago 5: 17). Vemos cómo lucharon entre descorazonamientos como los nuestros, cómo cayeron bajo tentaciones como hemos caído nosotros y, sin embargo, cobraron nuevo valor y vencieron por la gracia de Dios; y recordándolos, nos animamos en nuestra lucha por la justicia. Al leer el relato de los preciosos sucesos que se les permitió experimentar, la luz, el amor y la bendición que les tocó gozar y la obra que hicieron por la gracia a ellos dada, el espíritu que los inspiró enciende en nosotros un fuego de santo celo y un deseo de ser como ellos en carácter y de andar con Dios como ellos.

Jesús dijo de las Escrituras del Antiguo Testamento —y ¡cuánto más cierto es esto acerca del Nuevo!— : "Ellas son las que dan testimonio de mí" (S. Juan 5: 39), el Redentor, Aquel en quien vuestras esperanzas de vida eterna se concentran. Sí, la Biblia entera nos habla de Cristo. Desde el primer relato de la creación, de la cual se dice: "Sin él nada de lo que es hecho, fue hecho" (S. Juan 1:3), hasta la última promesa: "¡He aquí, yo vengo presto!" (Apocalipsis 22: 12) leemos acerca de sus obras y escuchamos su voz. Si deseáis conocer al Salvador, estudiad las Santas Escrituras. [88]

Llenad vuestro corazón de las palabras de Dios. Son el agua viva que apaga vuestra sed. Son el pan vivo que descendió del cielo. Jesús declara: "A menos que comáis la carne del Hijo del hombre, y bebáis su sangre, no tendréis vida en vosotros" Y al explicarse, dice: "Las palabras que yo os he hablado espíritu y vida son" (S. Juan 6: 53, 63). Nuestros cuerpos viven de lo que comemos y bebemos; y lo que sucede en la vida natural sucede en la espiritual: lo que meditamos es lo que da tono y vigor a nuestra naturaleza espiritual.

El tema de la redención es un tema que los ángeles desean escudriñar; será la ciencia y el canto de los redimidos durante las interminables edades de la eternidad. ¿No es un pensamiento digno de atención y estudio ahora? La Infinita misericordia y el amor de Jesús, el sacrificio hecho en nuestro favor, demandan de nosotros la más seria y solemne reflexión.

Debemos espaciarnos en el carácter de nuestro querido Redentor e Intercesor. Debemos meditar sobre la misión de Aquel que vino a salvar a su pueblo de sus pecados. Cuando contemplemos así los asuntos celestiales, nuestra fe y amor serán más fuertes y nuestras oraciones más aceptables a Dios, porque se elevarán siempre con más fe y amor. Serán inteligentes y fervientes. Habrá una confianza constante en Jesús y una experiencia viva y diaria en su poder de salvar completamente a todos los que van a Dios por medio de él.

A medida que meditemos en la perfección del Salvador, desearemos ser enteramente transformados y renovados conforme a la imagen de su pureza. Nuestra alma tendrá hambre y sed de ser hecha como Aquel a quien adoramos. Mientras más concentremos nuestros pensamientos en Cristo, más hablaremos de él a otros y lo representaremos ante el mundo.

La Biblia no fue escrita solamente para el hombre erudito; al contrario, fue destinada a la gente común. Las grandes verdades necesarias para la salvación están presentadas con tanta claridad como la luz del mediodía; y nadie equivocará o perderá el camino, salvo los que sigan su juicio privado en vez de la voluntad divina tan claramente revelada.

No debemos conformarnos con el testimonio de ningún hombre en cuanto a lo que enseñan las Santas Escrituras, sino que debemos estudiar las palabras de Dios por nosotros mismos. Si dejamos que otros piensen por nosotros, nuestra energía quedará mutilada y limitadas nuestras aptitudes. Las nobles facultades del alma pueden perder tanto por no ejercitarse en temas dignos de su concentración, que lleguen a ser incapaces de penetrar la profunda significación de la Palabra de Dios. La inteligencia se desarrollará si se emplea en investigar la relación de los asuntos de la Biblia, comparando texto con texto y lo espiritual con lo espiritual.

No hay ninguna cosa mejor para fortalecer la inteligencia que el estudio de las Santas Escrituras. Ningún libro es tan potente para elevar los pensamientos, para dar vigor a las facultades, como las grandes y ennoblecedoras verdades de la Biblia. Si se estudiara la Palabra de Dios como se debe, los hombres tendrían [90] una grandeza de espíritu, una nobleza de carácter y una firmeza de propósito, que raramente pueden verse en estos tiempos.

No se saca sino un beneficio muy pequeño de una lectura precipitada de las Sagradas Escrituras. Uno puede leer toda la Biblia y quedarse, sin embargo, sin ver su belleza o comprender su sentido profundo y oculto. Un pasaje estudiado hasta que su significado nos parezca claro y evidentes sus relaciones con el plan de la salvación, es de mucho más valor que la lectura de muchos Capítulos sin un propósito determinado y sin obtener ninguna instrucción positiva. Tened vuestra Biblia a mano, para que cuando tengáis oportunidad la leáis; retened los textos en vuestra memoria. Aún al ir por la calle, podéis leer un pasaje y meditar en él hasta que se grabe en la mente.

No podemos obtener sabiduría sin una atención verdadera y un estudio con oración. Algunas porciones de la Santa Escritura son en verdad demasiado claras para que se puedan entender mal; pero hay otras cuyo significado no es superficial, para que se vea a primera vista. Se debe comparar pasaje con pasaje. De haber un escudriñamiento cuidadoso y una reflexión acompañada de oración. Y tal estudio será abundantemente recompensado. Como el minero descubre vetas de precioso metal ocultas debajo de la superficie de la tierra, así también el que perseverantemente escudriña la Palabra de Dios buscando sus tesoros ocultos, encontrará verdades del mayor valor, que se ocultan de la vista del investigador descuidado. Las palabras de la inspiración, examinadas en el alma, serán [91] como ríos de agua que manan de la fuente de la vida.

Nunca se debe estudiar la Biblia sin oración. Antes de abrir sus páginas debemos pedir la iluminación del Espíritu Santo, y ésta nos será dada. Cuando Natanael vino a Jesús, el Salvador exclamó: "He aquí verdaderamente un israelita, en quien no hay engaño. Dícele Natanael: ¿De dónde me conoces? Jesús respondió y dijo: Antes que Felipe te llamara, cuando estabas debajo de la higuera, te vi" (S. Juan 1: 47, 48). Así también nos verá Jesús en los lugares secretos de oración, si lo buscamos para que nos dé luz para saber lo que es la verdad. Los ángeles del mundo de luz estarán con los que busquen con humildad de corazón la dirección divina.

El Espíritu Santo exalta y glorifica al Salvador. Es su oficio presentar a Cristo, la pureza de su justicia y la gran salvación que tenemos por él. Jesús dice: El "tomará de lo mío, y os lo anunciará' (S. Juan 16: 14). El Espíritu de verdad es el único maestro eficaz de la verdad divina.

¡Cuánto no estimará Dios a la raza humana, siendo que dio a su Hijo para que muriese por ella y manda su Espíritu para que sea el maestro y continuo guía del hombre!.

¿Podemos Comunicarnos con Dios?

DIOS nos habla por la naturaleza y por la revelación, por su providencia y por la influencia de su Espíritu. Pero esto no es suficiente, necesitamos abrirle nuestro corazón. Para tener vida y energía espirituales debemos tener verdadero intercambio con nuestro Padre celestial. Puede ser nuestra mente atraída hacia él; podemos meditar en sus obras, sus misericordias, sus bendiciones; pero esto no es, en el sentido pleno de la palabra, estar en comunión con él. Para ponernos en comunión con Dios, debemos tener algo que decirle tocante a nuestra vida real.

Orar es el acto de abrir nuestro corazón a Dios como a un amigo. No es que se necesite esto para que Dios sepa lo que somos, sino a fin de capacitarnos para recibirlo. La oración no baja a Dios hasta nosotros, antes bien nos eleva a él.

Cuando Jesús estuvo sobre la tierra, enseñó a sus discípulos a orar. Les enseñó a presentar Dios sus necesidades diarias y a echar toda su solicitud sobre él. Y la seguridad que les dio de que sus oraciones serían oídas, nos es dada también a nosotros.

Jesús mismo, cuando habitó entre los hombres, oraba frecuentemente. Nuestro Salvador [93] se identificó con nuestras necesidades y flaquezas convirtiéndose en un suplicante que imploraba de su Padre nueva provisión de fuerza, para avanzar fortalecido para el deber y la prueba. El es nuestro ejemplo en todas las cosas. Es un hermano en nuestras debilidades, "tentado en todo así como nosotros", pero como ser inmaculado, rehuyó el mal; sufrió las luchas y torturas de alma de un mundo de pecado. Como humano, la oración fue para él una necesidad y un privilegio. Encontraba consuelo y gozo en estar en comunión con su Padre. Y si el Salvador de los hombres, el Hijo de Dios, sintió la necesidad de orar, ¡cuánto más nosotros, débiles mortales, manchados por el pecado, no debemos sentir la necesidad de orar con fervor y constancia!

Nuestro Padre celestial está esperando para derramar sobre nosotros la plenitud de sus bendiciones. Es privilegio nuestro beber abundantemente en la fuente de amor infinito. ¡Qué extraño que oremos tan poco! Dios está pronto y dispuesto a oír la oración sincera del más humilde de sus hijos y, sin embargo, hay de nuestra parte mucha cavilación para presentar nuestras necesidades delante de Dios. ¿Qué pueden pensar los ángeles del cielo de los pobres y desvalidos seres humanos, que están sujetos a la tentación, cuando el gran Dios lleno de infinito amor se compadece de ellos y está pronto para darles más de lo que pueden pedir o pensar y que, sin embargo, oran tan poco y tienen tan poca fe? Los ángeles se deleitan en postrarse delante de Dios, se deleitan en estar cerca de él. Es su mayor delicia estar en comunión [94] con Dios; y con todo, los hijos de los hombres, que tanto necesitan la ayuda que Dios solamente puede dar, parecen satisfechos andando sin la luz del Espíritu ni la compañía de su presencia.

Las tinieblas del malo cercan a aquellos que descuidan la oración. Las tentaciones secretas del enemigo los incitan al pecado; y todo porque no se valen del privilegio que Dios les ha concedido de la bendita oración. ¿Por qué han de ser los hijos e hijas de Dios tan remisos para orar, cuando la oración es la llave en la mano de la fe para abrir el almacén del cielo, en donde están atesorados los recursos infinitos de la Omnipotencia? Sin oración incesante y vigilancia diligente, corremos el riesgo de volvernos indiferentes y de desviarnos del sendero recto. Nuestro adversario procura constantemente obstruir el camino al propiciatorio, para que, no obtengamos mediante ardiente súplica y fe, gracia y poder para resistir a la tentación.

Hay ciertas condiciones según las cuales Podemos esperar que Dios oiga y conteste nuestras oraciones. Una de las primeras es que sintamos necesidad de su ayuda. El nos ha hecho esta promesa: "Porque derramaré aguas sobre la tierra sedienta, y corrientes sobre el sequedal' (Isaías 44: 3). Los que tienen hambre y sed de justicia, los que suspiran por Dios, pueden estar seguros de que serán hartos. El corazón debe estar abierto a la influencia del Espíritu; de otra manera no puede recibir las bendiciones de Dios.

Nuestra gran necesidad es en sí misma un argumento y habla elocuentemente en nuestro [95] favor. Pero se necesita buscar al Señor para que haga estas cosas por nosotros. Pues dice: "Pedid, y se os dará" (S. Mateo 7: 7). Y "el que ni aún a su propio Hijo perdonó, sino que le entregó por todos nosotros, ¿cómo no nos ha de dar también de pura gracia, todas las cosas juntamente con él?" (Romanos 8: 32).

Si toleramos la iniquidad en nuestro corazón, si estamos apegados a algún pecado conocido, el Señor no nos oirá; mas la oración del alma arrepentida y contrita será siempre aceptada. Cuando hayamos confesado con corazón contrito todos nuestros pecados conocidos, podremos esperar que Dios conteste nuestras peticiones. Nuestros propios méritos nunca nos recomendarán a la gracia de Dios. Es el mérito de Jesús lo que nos salva y su sangre lo que nos limpia; sin embargo, nosotros tenemos una obra que hacer para cumplir las condiciones de la aceptación. La oración eficaz tiene otro elemento: la fe. "Porque es preciso que el que viene a Dios, crea que existe, y que se ha constituido remunerador de los que le buscan" (Hebreos 11:6). Jesús dijo a sus discípulos: "Todo cuanto pidiereis en la oración, creed que lo recibisteis ya; y lo tendréis". (S. Marcos 11: 24). ¿Creemos al pie de la letra todo lo que nos dice?

La seguridad es amplia e ilimitada, y fiel es el que ha prometido. Cuando no recibimos precisamente las cosas que pedimos y al instante, debemos creer aún que el Señor oye y que contestará nuestras oraciones. Somos tan cortos [96] de vista y propensos a errar, que algunas veces pedimos cosas que no serían una bendición para nosotros, y nuestro Padre celestial contesta con amor nuestras oraciones dándonos aquello que es para nuestro más alto bien, aquello que nosotros mismos desearíamos si, alumbrados de celestial saber, pudiéramos ver todas las cosas como realmente son. Cuando nos parezca que nuestras oraciones no son contestadas, debemos aferrarnos a la promesa; porque el tiempo de recibir contestación seguramente vendrá y recibiremos las bendiciones que más necesitamos. Por supuesto, pretender que nuestras oraciones sean siempre contestadas en la misma forma y según la cosa particular que pidamos, es presunción. Dios es demasiado sabio para equivocarse y demasiado bueno para negar un bien a los que andan en integridad. Así que no temáis confiar en él, aunque no veáis la inmediata respuesta de vuestras oraciones. Confiad en la seguridad de su promesa: "Pedid, y se os dará".

Si consultamos nuestras dudas y temores, o procuramos resolver cada cosa que no veamos claramente, antes de tener fe, solamente se acrecentarán y profundizarán las perplejidades. Mas si venimos a Dios sintiéndonos desamparados y necesitados, como realmente somos, si venimos con humildad y con la verdadera certidumbre de la fe le presentamos nuestras necesidades a Aquel cuyo conocimiento es infinito, a quien nada se le oculta y quien gobierna todas las cosas por su voluntad y palabra, él puede y quiere atender nuestro clamor y hacer resplandecer su luz en nuestro corazón. Por la oración sincera nos ponemos en comunicación con la [97] mente del Infinito. Quizás no tengamos al instante ninguna prueba notable de que el rostro de nuestro Redentor está inclinado hacia nosotros con compasión y amor; sin embargo es así. No podemos sentir su toque manifiesto, mas su mano nos sustenta con amor y piadosa ternura.

Cuando imploramos misericordia y bendición de Dios, debemos tener un espíritu de amor y perdón en nuestro propio corazón. ¿Cómo podemos orar: "Perdónanos nuestras deudas, como también nosotros perdonamos a nuestros deudores" (S. Mateo 6:12) y abrigar, sin embargo, un espíritu que no perdona? Si esperamos que nuestras oraciones sean oídas, debemos perdonar a otros como esperamos ser perdonados nosotros.

La perseverancia en la oración ha sido constituida en condición para recibir. Debemos orar siempre si queremos crecer en fe y en experiencia. Debemos ser "perseverantes en la oración" (Romanos 12: 12). "Perseverad en la oración, velando en ella, con acciones de gracia". (Colosenses 4: 2). El apóstol Pedro exhorta a los cristianos a que sean "sobrios, y vigilantes en las oraciones" (1 S. Pedro 4: 7). San Pablo ordena: "En todas las circunstancias, por medio de la oración y la plegaria, con acciones de gracias, dense a conocer vuestras peticiones a Dios" (Filipenses 4: 6). "Vosotros empero, hermanos,... —dice Judas— orando en el Espíritu Santo, guardaos en el amor de Dios" (S. Judas 20, 21). Orar sin cesar es mantener una unión no interrumpida del alma con Dios, de modo que la vida de Dios [98] fluya a la nuestra; y de nuestra vida la pureza y la santidad refluyan a Dios.

Es necesario ser diligentes en la oración; ninguna cosa os lo impida. Haced cuanto podáis para que haya una comunión continua entre Jesús y vuestra alma. Aprovechad toda oportunidad de ir donde se suela orar. Los que están realmente procurando estar en comunión con Dios, asistirán a los cultos de oración, fieles en cumplir su deber, ávidos y ansiosos de cosechar todos los beneficios que puedan alcanzar. Aprovecharán toda oportunidad de colocarse donde puedan recibir rayos de luz celestial.

Debemos también orar en el círculo de nuestra familia; y sobre todo no descuidar la oración privada, porque ésta es la vida del alma. Es imposible que el alma florezca cuando se descuida la oración. La sola oración pública o con la familia no es suficiente. En medio de la soledad abrid vuestra alma al ojo penetrante de Dios. La oración secreta sólo debe ser oída del que escudriña los corazones: Dios. Ningún oído curioso debe recibir el peso de tales peticiones. En la oración privada el alma esta libre de las influencias del ambiente, libre de excitación. Tranquila pero fervientemente se extenderá la oración hacia Dios. Dulce y permanente será la influencia que dimana de Aquel que ve en lo secreto, cuyo oído está abierto a la oración que sale de lo profundo del alma. Por una fe sencilla y tranquila el alma se mantiene en comunión con Dios y recoge los rayos de la luz divina para fortalecerse y sostenerse en la lucha contra Satanás. Dios es el castillo de nuestra fortaleza.

Orad en vuestro gabinete; y al ir a vuestro trabajo cotidiano, levantad a menudo vuestro corazón a Dios. De este modo anduvo Enoc con Dios. Esas oraciones silenciosas llegan como precioso incienso al trono de la gracia. Satanás no puede vencer a aquel cuyo corazón esta así apoyado en Dios. No hay tiempo o lugar en que sea impropio orar a Dios. No hay nada que pueda impedirnos elevar nuestro corazón en ferviente oración. En medio de las multitudes y del afán de nuestros negocios, podemos ofrecer a Dios nuestras peticiones e implorar la divina dirección, como lo hizo Nehemías cuando hizo la petición delante del rey Artajerjes. En dondequiera que estemos podemos estar en comunión con él. Debemos tener abierta continuamente la puerta del corazón, e invitar siempre a Jesús a venir y morar en el alma como huésped celestial.

Aunque estemos rodeados de una atmósfera corrompida y manchada, no necesitamos respirar sus miasmas, antes bien podemos vivir en la atmósfera limpia del cielo. Podemos cerrar la entrada a toda imaginación impura y a todo pensamiento perverso, elevando el alma a Dios mediante la oración sincera. Aquellos cuyo corazón esté abierto para recibir el apoyo y la bendición de Dios, andarán en una atmósfera más santa que la del mundo y tendrán constante comunión con el cielo.

Necesitamos tener ideas más claras de Jesús y una comprensión más completa de las realidades eternas. La hermosura de la santidad ha de consolar el corazón de los hijos de Dios: y para que esto se lleve a cabo, debemos buscar las revelaciones divinas de las cosas celestiales.

Extiéndase y elévese el alma para que Dios pueda concedernos respirar la atmósfera celestial. Podemos mantenernos tan cerca de Dios que en cualquier prueba inesperada nuestros pensamientos se vuelvan a él tan naturalmente como la flor se vuelve al sol.

Presentad a Dios vuestras necesidades, gozos, tristezas, cuidados y temores. No podéis agobiarlo ni cansarlo. El que tiene contados los cabellos de vuestra cabeza, no es indiferente a las necesidades de sus hijos. "Porque el Señor es muy misericordioso y compasivo' (Santiago 5: 11). Su amoroso corazón se conmueve por nuestras tristezas y aún por nuestra presentación de ellas. Llevadle todo lo que confunda vuestra mente. Ninguna cosa es demasiado grande para que él no la pueda soportar; él sostiene los mundos y gobierna todos los asuntos del universo. Ninguna cosa que de alguna manera afecte nuestra paz es tan pequeña que él no la note. No hay en nuestra experiencia ningún pasaje tan oscuro que él no pueda leer, ni perplejidad tan grande que él no pueda desenredar. Ninguna calamidad puede acaecer al más pequeño de sus hijos, ninguna ansiedad puede asaltar el alma, ningún gozo alegrar, ninguna oración sincera escaparse de los labios, sin que el Padre celestial esté al tanto de ello, sin que tome en ello un interés inmediato. El "sana a los quebrantados de corazón, y venda sus heridas" (Salmo 147: 3). Las relaciones entre Dios y cada una de las almas son tan claras y plenas como si no hubiese otra alma por la cual hubiera dado a su Hijo amado.

Jesús decía: "Pediréis en mi nombre; y no os digo que yo rogaré al Padre por vosotros; porque el Padre mismo os ama' (S. Juan 16: 26, 27) "Yo os elegí a vosotros... para que cuanto pidiereis al Padre en mi nombre, él os lo dé" (S. Juan 15: 16). Orar en nombre de Jesús es más que una mera mención de su nombre al principio y al fin de la oración. Es orar con los sentimientos y el espíritu de Jesús, creyendo en sus promesas, confiando en su gracia y haciendo sus obras.

Dios no pretende que algunos de nosotros nos hagamos ermitaños o monjes, ni que nos retiremos del mundo a fin de consagrarnos a los actos de adoración. Nuestra vida debe ser como la vida de Cristo, que estaba repartida entre la montaña y la multitud. El que no hace nada más que orar, pronto dejará de hacerlo o sus oraciones llegarán a ser una rutina formal. Cuando los hombres se alejan de la vida social, de la esfera del deber cristiano y de la obligación de llevar su cruz; cuando dejan de trabajar ardientemente por el Maestro que trabajaba con ardor por ellos, pierden lo esencial de la oración y no tienen ya estímulo para la devoción. Sus oraciones llegan a ser personales y egoístas. No pueden orar por las necesidades de la humanidad o la extensión del reino de Cristo, ni pedir fuerza con que trabajar.

Sufrimos una pérdida cuando descuidamos la oportunidad de asociarnos para fortalecernos y edificarnos mutuamente en el servicio de Dios. Las verdades de su Palabra pierden en nuestras almas su vivacidad e importancia. Nuestros corazones dejan de ser alumbrados y vivificados por la influencia santificadora y declinamos en espiritualidad. En nuestra asociación como cristianos perdemos mucho por falta de simpatías mutuas. El que se encierra completamente dentro de sí mismo no esta ocupando la posición que Dios le señaló. El cultivo apropiado de los elementos sociales de nuestra naturaleza nos hace simpatizar con otros y es para nosotros un medio de desarrollarnos y fortalecernos en el servicio de Dios.

Si todos los cristianos se asociaran, hablando entre ellos del amor de Dios y de las preciosas verdades de la redención, su corazón se robustecería y se edificarían mutuamente. Aprendamos diariamente más de nuestro Padre celestial, obteniendo una nueva experiencia de su gracia, y entonces desearemos hablar de su amor; así nuestro propio corazón se encenderá y reanimará. Si pensáramos y habláramos más de Jesús y menos de nosotros mismos, tendríamos mucho más de su presencia.

Si tan sólo pensáramos en él tantas veces como tenemos pruebas de su cuidado por nosotros, lo tendríamos siempre presente en nuestros pensamientos y nos deleitaríamos en hablar de él y en alabarle. Hablamos de las cosas temporales porque tenemos interés en ellas. Hablamos de nuestros amigos porque los amamos; nuestras tristezas y alegrías están ligadas con ellos. Sin embargo, tenemos razones infinitamente mayores para amar a Dios que para amar a nuestros amigos terrenales, y debería ser la cosa más natural del mundo tenerlo como el primero en todos nuestros pensamientos, hablar de su bondad y alabar su poder. Los ricos dones que ha derramado sobre nosotros no estaban destinados a absorber nuestros pensamientos y amor de tal manera que nada tuviéramos que dar a Dios; antes bien, debieran hacernos acordar constantemente de él y unirnos por medio de los vínculos del amor y gratitud a nuestro celestial Benefactor. Vivimos demasiado apegados a lo terreno. Levantemos nuestros ojos hacia la puerta abierta del santuario celestial, donde la luz de la gloria de Dios resplandece en el rostro de Cristo, quien "también puede salvar hasta lo sumo a los que se acercan a Dios por medio de él" (Hebreos 7: 25).

Debemos alabar más a Dios por su misericordia "y sus maravillas para con los hijos de Adán' (Salmo 107: 8). Nuestros ejercicios de devoción no deben consistir enteramente en pedir y recibir. No estemos pensando siempre en nuestras necesidades y nunca en las bendiciones que recibimos. No oramos nunca demasiado, pero somos muy parcos en dar gracias. Somos diariamente los recipientes de las misericordias de Dios y, sin embargo, ¡cuán poca gratitud expresamos, cuán poco lo alabamos por lo que ha hecho por nosotros!

Antiguamente el Señor ordenó esto a Israel, para cuando se congregara para su servicio: "Y los comeréis allí delante de Jehová vuestro Dios; y os regocijaréis vosotros y vuestras familias en toda empresa de vuestra mano, en que os [104] habrá bendecido Jehová vuestro Dios" (Deuteronomio 12: 7). Aquello que se hace para la gloria de Dios debe hacerse con alegría, con cánticos de alabanza y acción de gracias, no con tristeza y semblante adusto.

Nuestro Dios es un Padre tierno y misericordioso. Su servicio no debe mirarse como una cosa que entristece, como un ejercicio que desagrada. Debe ser un placer adorar al Señor y participar en su obra. Dios no quiere que sus hijos, a los cuales proporcionó una salvación tan grande, trabajen como si él fuera un amo duro y exigente. El es nuestro mejor amigo, y cuando lo adoramos, quiere estar con nosotros para bendecirnos y confortarnos, llenando nuestro corazón de alegría y amor. El Señor quiere que sus hijos se consuelen en su servicio y hallen más placer que penalidad en el trabajo. El quiere que los que lo adoran saquen pensamientos preciosos de su cuidado y amor, para que estén siempre contentos y tengan gracia para conducirse honesta y fielmente en todas las cosas.

Es preciso juntarnos en torno de la cruz. Cristo, y Cristo crucificado, debe ser el tema de nuestra meditación, conversación y más gozosa emoción. Debemos tener presentes todas las bendiciones que recibimos de Dios, y al darnos cuenta de su gran amor, debiéramos estar prontos a confiar todas las cosas a la mano que fue clavada en la cruz por nosotros.

El alma puede elevarse hasta el cielo en las alas de la alabanza. Dios es adorado con cánticos y música en las mansiones celestiales, y al [105] expresarle nuestra gratitud, nos aproximamos al culto de los habitantes del cielo. "El que ofrece sacrificio de alabanza me glorificará' (Salmo 50: 23). Presentémonos, pues, con gozo reverente delante de nuestro Creador con "acciones de gracias y voz de melodía" (Isaías 51: 3). [106]

CAPÍTULO 12

¿QUÉ DEBE HACERSE CON LA DUDA?

MUCHOS, especialmente los que son nuevos en la vida cristiana, se sienten a veces turbados con las sugestiones del escepticismo. Hay muchas cosas en la Biblia que no pueden explicar y ni siquiera entender, y Satanás las emplea para hacer vacilar su fe en las Santas Escrituras como revelación de Dios. Preguntan: "¿Cómo sabré cuál es el buen camino? Si la Biblia es en verdad la Palabra de Dios, ¿cómo puedo librarme de estas dudas y perplejidades?"

Dios nunca nos exige que creamos sin darnos suficiente evidencia sobre la cual fundar nuestra fe. Su existencia, su carácter, la veracidad de su Palabra, todas estas cosas están establecidas por abundantes testimonios que excitan nuestra razón. Sin embargo, Dios no ha quitado nunca toda posibilidad de duda. Nuestra fe debe reposar sobre evidencias, no sobre demostraciones. Los que quieran dudar tendrán oportunidad; al paso que los que realmente deseen conocer la verdad, encontrarán abundante evidencia sobre la cual basar su fe.

Es imposible para el espíritu finito del hombre comprender plenamente el carácter o las obras del Infinito. Para la inteligencia mas perspicaz, para el espíritu más ilustrado, aquel santo Ser debe siempre permanecer envuelto en el misterio. "¿Puedes tú descubrir las cosas recónditas de Dios? ¿puedes hasta lo sumo llegar a [107] conocer al Todopoderoso? Ello es alto como el cielo, ¿qué podrás hacer? más hondo es que el infierno, ¿ que podrá saber?' (Job 11: 7, 8).

El apóstol Pablo exclama: "¡Oh profundidad de las riquezas, así de la sabiduría como de la ciencia de Dios! ¡cuán inescrutables son sus juicios, e ininvestigables sus caminos!" (Romanos 11: 33). Mas aunque "nubes y tinieblas están alrededor de él; justicia y juicio son el asiento de su trono" (Salmo 97: 2). Pero donde comprendemos su modo de obrar con nosotros y los motivos que lo mueven, descubrimos su amor y misericordia sin límites unidos a su infinito poder. Podemos entender de sus designios cuanto es bueno para nosotros saber, y más allá de esto debemos confiar todavía en la mano omnipotente y en el corazón lleno de amor.

La Palabra de Dios, como el carácter de su divino Autor, presenta misterios que nunca podrán ser plenamente comprendidos por seres finitos. La entrada del pecado en el mundo, la encarnación de Cristo, la regeneración y otros muchos asuntos que se presentan en la Biblia, son misterios demasiado profundos para que la mente humana los explique, o para que los comprenda siquiera plenamente. Pero no tenemos razón para dudar de la Palabra de Dios porque no podamos entender los misterios de su providencia. En el mundo natural estamos siempre rodeados de misterios que no podemos sondear. Aun las formas más humildes de la vida presentan un problema que el más sabio de los filósofos es incapaz de explicar. Por todas partes se presentan maravillas que superan nuestro [108] conocimiento. ¿Debemos sorprendernos de que en el mundo espiritual haya también misterios que no podamos sondear? La dificultad está únicamente en la debilidad y estrechez del espíritu humano. Dios nos ha dado en las Santas Escrituras pruebas suficientes de su carácter divino y no debemos dudar de su Palabra porque no podamos entender los misterios de su providencia.

El apóstol Pedro dice que hay en las Escrituras "cosas difíciles de entender, que los ignorantes e inconstantes tuercen, . . . para su propia destrucción" (2 S. Pedro 3: 16). Los incrédulos han presentado las dificultades de las Sagradas Escrituras como un argumento en contra de la Biblia; pero muy lejos de ello, éstas constituyen una fuerte prueba de su divina inspiración. Si no contuvieran acerca de Dios sino aquello que fácilmente pudiéramos comprender, si su grandeza y majestad pudieran ser abarcadas por inteligencias finitas, entonces la Biblia no llevaría las credenciales inequívocas de la autoridad divina. La misma grandeza y los mismos misterios de los temas presentados, deben inspirar fe en ella como Palabra de Dios.

La Biblia presenta la verdad con una sencillez y una adaptación tan perfecta a las necesidades y anhelos del corazón humano, que ha asombrado y encantado a los espíritus más cultivados, al mismo tiempo que capacita al humilde e inculto para discernir el camino de la salvación. Sin embargo, estas verdades sencillamente declaradas tratan de asuntos tan elevados, de tan grande trascendencia, tan [109] infinitamente fuera del alcance de la comprensión humana, que sólo podemos aceptarlos porque Dios nos lo ha declarado. Así está patente el plan de la redención delante de nosotros, de modo que cualquiera pueda ver el camino que ha de tomar a fin de arrepentirse para con Dios y tener fe en nuestro Señor Jesucristo, a fin de que sea salvo de la manera señalada por Dios. Sin embargo, bajo estas verdades tan fácilmente entendibles, existen misterios que son el escondedero de su gloria; misterios que abruman la mente investigadora y que, sin embargo, inspiran fe y reverencia al sincero investigador de la verdad. Cuanto más escudriña éste la Biblia tanto más profunda es su convicción de que es la

Palabra del Dios vivo, y la razón humana se postra ante la majestad de la revelación divina.

Reconocer que no podemos entender plenamente las grandes verdades de la Biblia, es solamente admitir que la mente finita es insuficiente para abarcar lo infinito; que el hombre, con su limitado conocimiento humano, no puede entender los designios de la Omnisciencia.

Por cuanto no pueden sondear todos los misterios de la Palabra de Dios, los escépticos y los incrédulos la rechazan; y no todos los que profesan creer en la Biblia están libres de este peligro. El apóstol dice: "Mirad, pues, hermanos, no sea que acaso haya en alguno de vosotros, un corazón malo de incredulidad, en el apartarse del Dios vivo" (Hebreos 3: 12). Es bueno estudiar detenidamente las enseñanzas de la Biblia, e investigar "las profundidades de Dios", hasta donde se revelan en las Santas Escrituras. Porque aunque [110] "las cosas secretas pertenecen a Jehová nuestro Dios", "las reveladas nos pertenecen a nosotros" (Deuteronomio 29: 29). Mas es la obra de Satanás pervertir las facultades de investigación del entendimiento. Cierto orgullo se mezcla en la consideración de la verdad bíblica, de modo que cuando los hombres no pueden explicar todas sus partes como quieren, se impacientan y se sienten derrotados. Es para ellos demasiado humillante reconocer que no pueden entender las palabras inspiradas. No están dispuestos a esperar pacientemente hasta que Dios juzgue oportuno revelarles la verdad. Creen que su sabiduría humana sin auxilio es suficiente para hacerles entender las Santas Escrituras y, cuando no pueden hacerlo, niegan virtualmente su autoridad. Es verdad que muchas teorías y doctrinas que se consideran generalmente derivadas de la Biblia no tienen fundamento en ella y, a la verdad, son contrarias a todo el tenor de la inspiración. Estas cosas han sido motivo de duda y perplejidad para muchos espíritus. No son, sin embargo, imputables a la Palabra de Dios, sino a la perversión que los hombres han hecho de ella.

Si fuera posible para los seres terrenales obtener un pleno conocimiento de Dios y de sus obras, no habría ya para ellos, después de lograrlo, ni descubrimiento de nuevas verdades, ni crecimiento en conocimiento, ni desarrollo ulterior del espíritu o del corazón. Dios no sería ya supremo, y el hombre, habiendo alcanzado el límite del conocimiento y progreso, dejaría de adelantar. Demos gracias a Dios de que no sea así. Dios es infinito; "en él están todos los [111] tesoros de la sabiduría y de la ciencia" (Colosenses 2: 3). Y por toda la eternidad los hombres podrán estar siempre escudriñando, siempre aprendiendo sin poder agotar nunca, sin embargo, los tesoros de la sabiduría, la bondad y el poder.

Dios quiere que aun en esta vida las verdades de su Palabra continúen siempre revelándose a su pueblo. Y hay sólo un modo para obtener este conocimiento. No podemos llegar a entender la Palabra de Dios sino por la iluminación del Espíritu por el cual fue dada la Palabra. "Las cosas de Dios nadie las conoce, sino el Espíritu de Dios" (1 Corintios 2: 11) ;"porque el Espíritu escudriña todas las cosas, y aun las cosas profundas de Dios" (1 Corintios 2: 10). Y la promesa del Salvador a sus discípulos fue: "Mas cuando viniere Aquel, el Espíritu de verdad, él os guiará al conocimiento de toda la verdad; ... porque tomará de lo mío, y os lo anunciará' (S. Juan 16: 13, 14).

Dios quiere que el hombre haga uso de la facultad de razonar que le ha dado; y el estudio de la Biblia fortalece y eleva la mente como ningún otro estudio puede hacerlo.

Con todo, debemos cuidarnos de no deificar la razón, porque está sujeta a las debilidades y flaquezas de la humanidad. Si no queremos que las Sagradas Escrituras estén veladas para nuestro entendimiento, de modo que no podamos comprender ni las verdades más sencillas, debemos tener la sencillez y la fe de un niño, estar dispuestos a aprender, e implorar la ayuda del Espíritu Santo. El conocimiento del poder y la sabiduría de Dios y la conciencia de nuestra incapacidad [112] para comprender su grandeza, debe inspirarnos humildad, y debemos abrir su Palabra con santo temor, como si compareciéramos ante él. Cuando tomamos la Biblia, nuestra razón debe reconocer una autoridad superior a ella misma y el corazón y la inteligencia deben postrarse ante el gran YO SOY. Hay muchas cosas aparentemente difíciles u oscuras, que Dios hará claras y sencillas para los que así procuren entenderlas. Mas sin la dirección del Espíritu Santo, estaremos continuamente expuestos a torcer las Sagradas Escrituras o a interpretarlas mal. Hay muchas maneras de leer la Biblia que no aprovechan y que causan en algunos casos un daño positivo. Cuando el Libro de Dios se abre sin oración y reverencia; cuando los pensamientos y afectos no están fijos en Dios, o en armonía con su voluntad, el corazón está envuelto en la duda; y entonces, con el mismo estudio de la Biblia, se fortalece el escepticismo. El enemigo se posesiona de los pensamientos y sugiere interpretaciones incorrectas. Cuando los hombres no procuran estar en armonía con Dios en obras y en palabras, por instruidos que sean, están expuestos a errar en su modo de entender las Santas Escrituras y no es seguro confiar en sus explicaciones. Los que escudriñan las Escrituras para buscar contradicciones, no tienen penetración espiritual. Con vista perturbada encontrarán muchas razones para dudar y no creer en cosas realmente claras y sencillas.

Pero, disfráceselo como se quiera, el amor al pecado es casi siempre la causa real de la duda y el escepticismo. Las enseñanzas y restricciones de la Palabra de Dios no agradan al corazón orgulloso, lleno de pecado; y los que no quieren obedecer sus mandamientos, fácilmente dudan de su autoridad. Para llegar al conocimiento de la verdad, debemos tener un deseo sincero de conocer la verdad y buena voluntad en el corazón para obedecerla. Todos los que estudien la

Biblia con este espíritu, encontrarán en abundancia pruebas de que es la Palabra de Dios y pueden obtener un conocimiento de sus verdades que los hará sabios para la salvación.

Cristo dijo: "Si alguno quisiere hacer su voluntad, conocerá de mi enseñanza' (S. Juan 7: 17). En vez de discutir y cavilar tocante a aquello que no entendáis, aprovechad la luz que ya brilla sobre vosotros y recibiréis mayor luz. Mediante la gracia de Cristo, cumplid todos los deberes que hayáis llegado a entender y seréis capaces de entender y cumplir aquellos de los cuales todavía dudáis.

Hay una prueba que está al alcance de todos, del más educado y del más ignorante, la prueba de la experiencia. Dios nos invita a probar por nosotros mismos la realidad de su Palabra, la verdad de sus promesas. El nos dice: "Gustad y ved que Jehová es bueno' (Salmo 34: 8). En vez de depender de las palabras de otro, tenemos que probar por nosotros mismos. Dice: "Pedid, y recibiréis" (S. Juan 16: 24). Sus promesas se cumplirán. Nunca han faltado; nunca pueden faltar. Y cuando seamos atraídos a Jesús y nos regocijemos en la plenitud de su amor, nuestras dudas [114] y tinieblas desaparecerán ante la luz de su presencia. El apóstol Pablo dice que Dios "nos ha libertado de la potestad de las tinieblas, y nos ha trasladado al reino del Hijo de su amor" (Colosenses 1: 13). Y todo aquel que ha pasado de muerte a vida "ha puesto su sello a esto, que Dios es veraz' (S. Juan 3: 33). Puede testificar: "Necesitaba auxilio y lo he encontrado en Jesús. Fueron suplidas todas mis necesidades, fue satisfecha el hambre de mi alma y ahora la Biblia es para mí la revelación de Jesucristo. ¿Me preguntáis por qué creo en Jesús? Porque es para mí un Salvador divino. ¿Por qué creo en la Biblia? Porque he hallado que es la voz de Dios para mi alma". Podemos tener en nosotros mismos el testimonio de que la Biblia es verdadera y de que Cristo es el Hijo de Dios. Sabemos que no estamos siguiendo fábulas astutamente imaginadas.

San Pedro exhorta a los hermanos a crecer "en la gracia, y en el conocimiento de nuestro Señor y Salvador Jesucristo' (2 S. Pedro 3: 18). Cuando el pueblo de Dios crece en la gracia, obtiene constantemente un conocimiento más claro de su Palabra. Contempla nueva luz y belleza en sus sagradas verdades. Esto es lo que ha sucedido en la historia de la iglesia en todas las edades y continuará sucediendo hasta el fin. "Pero la senda de los justos es como la luz de la aurora, que se va aumentando en resplandor hasta que el día es perfecto' (Proverbios 4: 18).

Por medio de la fe podemos mirar lo futuro y confiar en las promesas de Dios respecto al desarrollo de la inteligencia, a la unión de las facultades humanas con las divinas y al contacto directo de todas las potencias del alma con la Fuente de Luz. Podemos regocijarnos de que todas las cosas que nos han confundido en las providencias de Dios serán entonces aclaradas; las cosas difíciles de entender serán entonces reveladas; y donde nuestro entendimiento finito veía solamente confusión y desorden, veremos la más perfecta y hermosa armonía.

"Porque ahora vemos oscuramente, como por medio de un espejo, mas entonces, cara a cara; ahora conozco en parte, pero entonces conoceré así como también soy conocido" (1 Corintios 13: 12).

CAPÍTULO 13

LA FUENTE DE REGOCIJO Y FELICIDAD

LOS hijos de Dios están llamados a ser representantes de Cristo y a mostrar siempre la bondad y la misericordia del Señor. Como Jesús nos reveló el verdadero carácter del Padre, así tenemos que revelar a Cristo a un mundo que no conoce su ternura y piadoso amor. "De la manera que tú me enviaste a mí al mundo —decía Jesús—, así también yo los he enviado a ellos al mundo". "Yo en ellos, y tú en mí,... para que conozca el mundo que tú me enviaste" (S. Juan 17: 18, 23). El apóstol Pablo dice a los discípulos de Jesús: "Sois manifiestamente una epístola de Cristo", "conocida y leída de todos los hombres" (2 Corintios 3: 3, 2). En cada uno de sus hijos, Jesús envía una carta al mundo. Si sois discípulos de Cristo, él envía en vosotros una carta a la familia, al pueblo, a la calle donde vivís. Jesús que mora en vosotros, quiere hablar a los corazones que no lo conocen. Tal vez no leen la Biblia o no oyen la voz que les habla en sus páginas; no ven el amor de Dios en sus obras. Más si eres un verdadero representante de Jesús, puede ser que por ti sean inducidos a conocer algo de su bondad y sean ganados para amarlo y servirlo.

Los cristianos son como portaluces en el camino al cielo. Tienen que reflejar sobre el mundo la luz de Cristo que brilla sobre ellos. Su vida y su carácter deben ser tales que por ellos adquieran otros una idea justa de Cristo y de su servicio.

Si representamos verdaderamente a Cristo, haremos que su servicio parezca atractivo, como es en realidad. Los cristianos que llenan su alma de amargura y tristeza, murmuraciones y quejas, están representando ante otros falsamente a Dios y la vida cristiana. Hacen creer que Dios no se complace en que sus hijos sean felices, y en esto dan falso testimonio contra nuestro Padre celestial.

Satanás triunfa cuando puede inducir a los hijos de Dios a la incredulidad y al desaliento. Se regocija cuando nos ve desconfiar de Dios, dudando de su buena voluntad y de su poder para salvarnos. Le agrada hacernos sentir que el Señor nos hará daño por sus providencias. Es la obra de Satanás representar al Señor como falto de compasión y piedad. Tergiversa la verdad respecto a él. Llena la imaginación de ideas falsas tocante a Dios; y en vez de espaciarnos en la verdad con respecto a nuestro Padre celestial, muchísimas veces fijamos la mente en las falsas representaciones de Satanás y deshonramos a Dios desconfiando de él y murmurando contra él. Satanás siempre procura presentar la vida religiosa como una vida de tinieblas. Desea hacerla aparecer penosa y difícil; y cuando el cristiano, por su incredulidad, presenta en su vida la religión bajo este aspecto, secunda la falsedad de Satanás.

Muchos al recorrer el camino de la vida, fijan sus ojos en sus errores, fracasos y desengaños, y sus corazones se llenan de dolor y desaliento. Mientras estaba yo en Europa, una hermana que había estado haciendo esto y que se hallaba profundamente apenada, me escribió pidiéndome algunos consejos que la animaran. La noche que siguió a la lectura de su carta, soñé que estaba yo en un jardín y que uno, al parecer dueño del jardín, me conducía por los caminos del mismo. Yo estaba recogiendo flores y gozando de su fragancia, cuando esta hermana, que había estado caminando a mi lado, me llamó la atención a algunos feos zarzales que le estorbaban el paso. Allí estaba ella afligida y llena de pesar. No iba por el camino siguiendo al guía, sino que caminaba entre espinas y abrojos. "¡Oh!" murmuró ella, "¿no es una lástima que este hermoso jardín esté echado a perder por las espinas?" Entonces el que nos guiaba dijo: "No hagáis caso de las espinas, porque solamente os molestarán. Cortad las rosas, los lirios y los claveles".

¿No ha habido en vuestra experiencia algunas horas felices? ¿No habéis tenido algunos momentos preciosos en que vuestro corazón ha palpitado de gozo respondiendo al Espíritu de Dios? Cuando abrís el libro de vuestra experiencia pasada, ¿no encontráis algunas páginas agradables? ¿No son las promesas de Dios fragantes flores que crecen a cada lado de vuestro camino? ¿No permitiréis que su belleza y dulzura llenen vuestro corazón de gozo?

Las espinas y abrojos únicamente os herirán y causarán dolor; y si vosotros recogéis solamente estas cosas y las presentáis a otros, ¿no estáis, además de menospreciar la bondad de Dios, [119] impidiendo que los demás anden en el camino de la vida?

No es bueno reunir todos los recuerdos desagradables de la vida pasada, sus iniquidades y desengaños, hablar de estos recuerdos y llorarlos hasta estar abrumados de desaliento. El hombre desalentado está lleno de tinieblas, echa fuera de su propio corazón la luz divina y proyecta sombra en el camino de los otros.

Gracias a Dios que nos ha presentado hermosísimos cuadros. Reunamos las pruebas benditas de su amor y tengámoslas siempre presentes. El Hijo de Dios que deja el trono de su Padre y reviste su divinidad con la humanidad para poder rescatar al hombre del poder de Satanás; su triunfo en nuestro favor, que abre el cielo a los pecadores y revela a la vista humana la morada donde la Divinidad descubre su gloria; la raza caída, levantada de lo profundo de la ruina en que Satanás la había sumergido, puesta de nuevo en relación con el Dios infinito, vestida de la justicia de Cristo y exaltada hasta su trono después de sufrir la prueba divina por la fe en nuestro Redentor: tales son las cosas que Dios quiere que contemplemos.

Cuando parece que dudamos del amor de Dios y que desconfiamos de sus promesas, lo deshonramos y contristamos su Santo Espíritu. ¿Cómo se sentiría una madre si sus hijos estuvieran quejándose constantemente de ella, como si no tuviera buenas intenciones para con ellos, cuando el esfuerzo de su vida entera hubiese sido fomentar sus intereses y proporcionarles comodidades? Suponed que dudaran de su amor: quebrantarían su corazón. ¿Cómo se sentiría [120] un padre si así lo trataran sus hijos? ¿Y cómo puede mirarnos nuestro Padre celestial cuando desconfiamos de su amor, que le ha inducido a dar a su Hijo unigénito para que tengamos vida? El apóstol dice: "El que ni aun a su propio Hijo perdonó, sino que le entregó por todos nosotros, ¿cómo no nos ha de dar también de pura gracia todas las cosas?" (Romanos 3: 32). Y sin embargo, cuántos están diciendo con sus hechos si no con sus palabras: "El Señor no dijo esto para mí. Tal vez ame a otros, pero a mí no me ama".

Todo esto esta destruyendo vuestra propia alma, pues cada palabra de duda que proferís da lugar a las tentaciones de Satanás; hace crecer en vosotros la tendencia a dudar y es un agravio de parte vuestra a los ángeles ministradores. Cuando Satanás os tiente, no salga de vosotros ninguna palabra de duda o tinieblas. Si elegís abrir la puerta a sus sugestiones, se llenará vuestra mente de desconfianza y rebelión. Si habláis de vuestros sentimientos, cada duda que expreséis no reaccionará solamente sobre vosotros, sino que será una semilla que germinará y dará fruto en la vida de otros, y tal vez sea imposible contrarrestar la influencia de vuestras palabras. Tal vez podáis reponeros vosotros de la hora de la tentación y del lazo de Satanás; mas puede ser que otros que hayan sido dominados por vuestra influencia, no puedan escapar de la incredulidad que hayáis insinuado.

¡Cuanto importa que hablemos solamente las cosas que den fuerza espiritual y vida! Los ángeles están atentos para oír qué clase de informe dais al mundo acerca de vuestro Señor. Conversad de Aquel que vive para interceder por nosotros ante el Padre. Esté la alabanza de Dios en vuestros labios y corazones cuando estrechéis la mano de un amigo. Esto atraerá sus pensamientos a Jesús.

Todos tenemos pruebas, aflicciones duras que sobrellevar y tentaciones fuertes que resistir. Pero no las contéis a los mortales, antes llevad todo a Dios en oración. Tengamos por regla el no proferir nunca palabras de duda o desaliento. Si hablamos palabras de santo gozo y de esperanza, podremos hacer mucho más para alumbrar el camino de otros y fortalecer sus esfuerzos.

Hay muchas almas valientes, en extremo acosadas por la tentación, casi a punto de desmayar en el conflicto que sostienen con ellas mismas y con las potencias del mal. No las desalentéis en su dura lucha. Alegradlas con palabras de valor, ricas en esperanza, que las impulsen por su camino. De este modo la luz de Cristo resplandecerá en vosotros. "Ninguno de nosotros vive para sí" (Romanos 14: 7). Por vuestra influencia inconsciente pueden los demás ser alentados y fortalecidos o desanimados y apartados de Cristo y de la verdad.

Hay muchos que tienen ideas muy erróneas sobre la vida y el carácter de Cristo. Piensan que carecía de calor y alegría, que era austero, severo y triste. Para muchos toda la vida religiosa se presenta bajo este aspecto sombrío.

Se dice a menudo que Jesús lloraba, pero que nunca se supo que haya sonreído. Nuestro Salvador fue a la verdad un varón de tristezas y dolores, porque abrió su corazón a todas las miserias de los hombres. Pero aunque su vida era abnegada y llena de dolores y cuidados, su espíritu no quedaba abrumado por ellos. En su rostro no se veía una expresión de amargura o dolor, sino siempre de paz y serenidad. Su corazón era un manantial de vida. Y dondequiera iba, llevaba descanso y paz, gozo y alegría.

Nuestro Salvador fue profunda e intensamente serio, pero nunca sombrío o huraño. La vida de los que lo imitan estará por cierto llena de propósitos serios; tendrán un profundo sentido de su responsabilidad personal. Reprimirán la inconsiderada liviandad; entre ellos no habrá júbilo tumultuoso, ni bromas groseras; pues la religión de Jesús da paz como un río. No extingue la luz del gozo, ni impide la jovialidad, ni oscurece el rostro alegre y sonriente. Cristo no vino para ser servido sino para servir; y cuando su amor reine en nuestro corazón, seguiremos su ejemplo.

Si tenemos siempre presentes las acciones egoístas e injustas de otros, encontraremos que es imposible amarlos como Cristo nos ha amado; pero si nuestros pensamientos se espacian continuamente en el maravilloso amor y piedad de Cristo por nosotros, manifestaremos el mismo espíritu para con los demás. Debemos amarnos y respetarnos mutuamente, no obstante las faltas e imperfecciones que no podemos menos que observar. Debemos cultivar la humildad y la desconfianza en nosotros mismos y una paciencia llena de ternura para con las faltas ajenas. Esto destruye toda clase de egoísmo y nos hace de corazón grande y generoso.

El salmista dice: "Confía en Jehová y obra el bien; habita tranquilo en la tierra, y apaciéntate de la verdad" (Salmo 37: 3). "Confía en Jehová". Cada día trae sus aflicciones, sus cuidados y perplejidades; y cuando los encontramos, ¡cuán prontos estamos para hablar de ellos! Tantas penas imaginarias intervienen, tantos temores se abrigan, tal peso de ansiedades se manifiesta que cualquiera podría suponer que no tenemos un Salvador poderoso y misericordioso, dispuesto a oír todas nuestras peticiones y a ser nuestro protector constante en cada hora de necesidad.

Algunos temen siempre y toman cuitas prestadas. Todos los días están rodeados de las prendas del amor de Dios, todos los días gozan de las bondades de su providencia, pero pasan por alto estas bendiciones presentes. Sus mentes están siempre espaciándose en algo desagradable que temen que venga. Puede ser que realmente existan algunas dificultades que, aunque pequeñas, ciegan sus ojos a las muchas bendiciones que demandan gratitud. Las dificultades con que tropiezan, en vez de guiarlos a Dios, única fuente de todo bien, los alejan de él, porque despiertan desasosiego y pesar.

¿Hacemos bien en ser así incrédulos? ¿Por qué ser ingratos y desconfiados? Jesús es nuestro amigo; todo el cielo está interesado en nuestro bienestar. No debemos permitir que las perplejidades y cuidados cotidianos gasten las fuerzas de nuestro espíritu y oscurezcan nuestro semblante. Si lo hacemos, habrá siempre algo que nos moleste y fatigue. No debemos dar entrada a los cuidados que sólo nos gastan y destruyen, mas no nos ayudan a soportar las pruebas.

Podéis estar perplejos en los negocios; vuestra perspectiva puede ser cada día más sombría y podéis estar amenazados de pérdidas; mas no os descorazonéis; confiad vuestras cargas a Dios y permaneced serenos y tranquilos. Pedid sabiduría para manejar vuestros negocios con discreción y así evitaréis pérdidas y desastres. Haced todo lo que esté de vuestra parte para obtener resultados favorables. Jesús nos ha prometido su ayuda, pero no sin que hagamos lo que está de nuestra parte. Cuando, confiando en vuestro Ayudador, hayáis hecho todo lo que podáis, aceptad con gozo los resultados.

No es la voluntad de Dios que su pueblo sea abrumado por el peso de los cuidados. Pero al mismo tiempo no quiere que nos engañemos. El no nos dice: "No temáis; no hay peligro en vuestro camino". El sabe que hay pruebas y peligros y nos lo ha manifestado abiertamente. El no ofrece a su pueblo quitarlo de en medio de este mundo de pecado y maldad, pero le presenta un refugio que nunca falla. Su oración por sus discípulos fue: "No ruego que los quites del mundo, sino que los guardes del mal". "En el mundo — dice— tendréis tribulación; pero tened buen ánimo; yo he vencido al mundo" (S. Juan 17: 15; 16: 33).

En el Sermón del Monte, Cristo dio a sus discípulos preciosas lecciones en cuanto a la confianza que debe tenerse en Dios. Estas lecciones tenían por fin consolar a los hijos de Dios durante todos los siglos y han llegado a nuestra época llenas de instrucción y consuelo. El Salvador llamó la atención de sus discípulos a cómo las aves del cielo entonan sus dulces cantos de alabanza sin estar abrumadas por los cuidados de la vida, a pesar de que "no siembran, ni siegan". Y sin embargo, el gran Padre celestial las alimenta. El Salvador pregunta: "¿No valéis vosotros mucho más que ellas?" (S. Mateo 6: 26). El gran Dios, que alimenta a los hombres y a las bestias, extiende su mano para alimentar a todas sus criaturas. Las aves del cielo no son tan insignificantes que no las note. El no toma el alimento y se lo da en el pico, mas hace provisión para sus necesidades. Deben juntar el grano que él ha derramado para ellas. Deben preparar el material para sus niditos. Deben alimentar a sus polluelos. Ellas van cantando a su trabajo porque "vuestro Padre celestial las alimenta". Y "¿no valéis vosotros mucho más que ellas?"

¿No sois vosotros, como adoradores inteligentes y espirituales, de mucho más valor que las aves del cielo?

¿No suplirá nuestras necesidades el Autor de nuestro ser, el Conservador de nuestra existencia, el que nos formó a su propia imagen divina, si tan sólo confiamos en él?

Cristo presentaba a sus discípulos las flores del campo, que crecen en rica profusión y brillan con la sencilla hermosura que el Padre celestial les ha dado, como una expresión de su amor hacia el hombre. El decía: "Considerad los lirios del campo, cómo crecen" (S. Mateo 6: 28). La belleza y la sencillez de estas flores naturales sobrepujan en excelencia, por mucho, a la gloria de Salomón. El atavío más esplendoroso producido por la habilidad del arte no puede compararse con la gracia natural y la belleza radiante de las flores creadas por Dios. Jesús pregunta: "Y si Dios viste así a la hierba del campo que hoy es, y mañana es echada en el horno, ¿cuánto más a vosotros, hombres de poca fe?" (S. Mateo 6: 30). Si Dios, el Artista divino, da a las flores, que perecen en un día, sus delicados y variados colores, ¿cuánto mayor cuidado no tendrá por los que ha creado a su propia imagen? Esta lección de Cristo es un reproche por la ansiedad, las perplejidades y dudas del corazón sin fe.

El Señor quiere que todos sus hijos e hijas sean felices, llenos de paz, obedientes. Jesús dice: "Mi paz os doy; no según da el mundo, yo os la doy: no se turbe vuestro corazón, ni se acobarde" (S. Juan 14: 27). "Estas cosas os he dicho, para que quede mi gozo en vosotros, y vuestro gozo sea completo" (S. Juan 15: 11).

La felicidad que se procura por motivos egoístas, fuera de la senda del deber, es desequilibrada, espasmódica y transitoria; pasa y deja el alma vacía y triste; más en el servicio de Dios hay gozo y satisfacción; Dios no abandona al cristiano en caminos inciertos; no lo abandona a pesares vanos y contratiempos. Si no tenemos los placeres de esta vida, podemos aun gozarnos mirando a la vida venidera.

Pero aún aquí los cristianos pueden tener el gozo de la comunión con Cristo; pueden tener la luz de su amor, el perpetuo consuelo de su presencia. Cada paso de la vida puede acercarnos más a Jesús, puede darnos una experiencia más profunda de su amor y acercarnos más al bendito hogar de paz. No perdáis pues vuestra confianza, sino tened firme seguridad, más firme que nunca antes. "¡Hasta aquí nos ha ayudado Jehová!" (1 Samuel 7: 12). Y nos ayudará hasta el fin. Miremos los monumentos conmemorativos de lo que Dios ha hecho para confortarnos y salvarnos de la mano del destructor. Tengamos siempre presentes todas las tiernas misericordias que Dios nos ha mostrado: las lágrimas que ha enjugado, las penas que ha quitado, las ansiedades que ha alejado, los temores que ha disipado, las necesidades que ha suplido, las bendiciones que ha derramado, fortificándonos así a nosotros mismos, para todo lo que está delante de nosotros en el resto de nuestra peregrinación.

No podemos menos que prever nuevas perplejidades en el conflicto venidero, pero podemos mirar hacia lo pasado, tanto como hacia lo futuro, y decir: "¡Hasta aquí nos ha ayudado Jehová!" "Según tus días, serán tus fuerzas' (Deuteronomio 33: 25). La prueba no excederá a la fuerza que se nos dé para soportarla. Así que sigamos con nuestro trabajo dondequiera lo hallemos, sabiendo que para cualquier cosa que venga, él nos dará fuerza proporcionada a la prueba.

Y luego las puertas del cielo se abrirán para recibir a los hijos de Dios y de los labios del Rey de gloria resonará en sus oídos, como la [128] más rica música, la bendición: "¡Venid, benditos de mi Padre, poseed el reino destinado para vosotros desde la fundación del mundo!". (S. Mateo 25: 34). Entonces los redimidos serán recibidos con gozo en el lugar que Jesús les está preparando. Allí su compañía no será la de los viles de la tierra, mentirosos, idólatras, impuros e incrédulos, sino la de los que hayan vencido a Satanás y que por la gracia divina hayan adquirido caracteres perfectos. Toda tendencia pecaminosa, toda imperfección que los aflige aquí, habrá sido quitada por la sangre de Cristo y se les concede la excelencia y brillantez de su gloria, que excede en mucho a la del sol. Y la belleza moral, la perfección de su carácter resplandecen con excelencia mucho mayor que este resplandor exterior. Están sin mancha delante del trono de Dios y participan de la dignidad y de los privilegios de los ángeles.

En vista de la herencia gloriosa que puede ser suya, "¿qué rescate dará el hombre por su alma?' (S. Mateo 16: 26). Puede ser pobre; con todo, posee en sí mismo una riqueza y dignidad que el mundo jamás podría haberle dado. El alma redimida y limpiada de pecado, con todas sus nobles facultades dedicadas al servicio de Dios, es de un valor incomparable; y hay gozo en el cielo delante de Dios y de los santos ángeles por cada alma redimida, gozo que se expresa con cánticos de santo triunfo.

Made in the USA
Las Vegas, NV
17 December 2024